U0577352

·十大科学家丛书·

十大物理学家

周文斌 主编

周文斌 著

广西科学技术出版社

图书在版编目（CIP）数据

十大物理学家 / 周文斌著. —2 版. —南宁：广西科学技术出版社，2012.5（2020.6 重印）

（少年阅读文库. 十大科学家丛书）

ISBN 978-7-80619-126-2

Ⅰ. ①十… Ⅱ. ①周… Ⅲ. ①物理学家—生平事迹—世界—少年读物 Ⅳ. ①K816.11-49

中国版本图书馆 CIP 数据核字（2012）第 117031 号

十大科学家丛书
SHI DA WULIXUEJIA

十大物理学家

周文斌　著

责任编辑	池庆松	**封面设计**	寒林设计工作室
责任校对	黄博威	**责任印制**	韦文印

出 版 人　卢培钊

出版发行　广西科学技术出版社

　　　　　　（南宁市东葛路 66 号　邮政编码 530023）

印　　刷　永清县晔盛亚胶印有限公司

　　　　　　（永清县工业区大良村西部　邮政编码065600）

开　　本　700mm×950mm　1/16

印　　张　15

字　　数　175 千字

版次印次　2020 年 6 月第 2 版第 7 次

书　　号　ISBN 978-7-80619-126-2

定　　价　32.00 元

少年科学文库

顾问

严济慈　周培源　卢嘉锡　钱三强　周光召　贝时璋
吴阶平　钱伟长　钱临照　王大珩　金善宝　刘东生
王绶琯　谈家桢

总主编

王梓坤　林自新　王国忠　郭正谊　朱志尧　陈恂清

编委（按姓氏笔画排序）

王国忠　王梓坤　申先甲　朱志尧　刘后一　刘路沙
陈恂清　林自新　周文斌　郑延慧　饶忠华　徐克明
郭正谊　詹以勤

《十大科学家丛书》

选题策划：黄　健
主编：周文斌

代序 致二十一世纪的主人

钱三强

时代的航船将很快进入 21 世纪，世纪之交，对我们中华民族的前途命运，是个关键的历史时期。现在 10 岁左右的少年儿童，到那时就是驾驭航船的主人，他们肩负着特殊的历史使命。为此，我们现在的成年人都应多为他们着想，为把他们造就成 21 世纪的优秀人才多尽一份心，多出一份力。人才成长，除了主观因素外，在客观上也需要各种物质的和精神的条件，其中，能否源源不断地为他们提供优质图书，对于少年儿童，在某种意义上说，是一个关键性条件。经验告诉人们，往往一本好书可以造就一个人，而一本坏书则可以毁掉一个人。我几乎天天盼着出版界利用社会主义的出版阵地，为我们 21 世纪的主人多出好书。广西科学技术出版社在这方面作出了令人欣喜的贡献。他们特邀我国科普创作界的一批著名科普作家，编辑出版了大型系列化自然科学普及读物——《少年科学文库》。《文库》分"科学知识"、"科技发展史"和"科学文艺"三大类，约计 100 种。《文库》除反映基础学科的知识外，还深入浅出地全面介绍当今世界最新的科学技术成就，充分体现了 90 年代科技发展的前沿水平。现在科普读物已有不少，而《文库》这批读物特有魅力，主要表现在观点新、题材新、角度新和手法新、内容丰富、覆盖面广、插图精美、形式活泼、语言流畅、通俗易懂，富于科学性、可读性、趣味性。因此，说《文库》是开启科技知识宝库的钥匙，缔造 21 世纪人才的摇篮，并不夸张。《文库》将成为中国少年朋友增长知识、发展智慧、促进成才的亲密朋友。

亲爱的少年朋友们，当你们走上工作岗位的时候，呈现在你们面前的将是一个繁花似锦的、具有高度文明的时代，也是科学技术高度发达的崭新时代。现代科学技术发展速度之快、规模之大、对人类社会的生产和生活产生影响之深，都是过去无法比拟的。我们的少年朋友，要想胜任驾驶时代航船，就必须从现在起努力学习科学，增长知识，扩大眼界，认识社会和自然发展的客观规律，为建设有中国特色的社会主义而艰苦奋斗。

我真诚地相信，在这方面，《少年科学文库》将会对你们提供十分有益的帮助，同时我衷心地希望，你们一定为当好 21 世纪的主人，知难而进、锲而不舍，从书本、从实践吸取现代科学知识的营养，使自己的视野更开阔、思想更活跃、思路更敏捷，更加聪明能干，将来成长为杰出的人才和科学巨匠，为中华民族的科学技术实现划时代的崛起，为中国迈入世界科技先进强国之林而奋斗。

亲爱的少年朋友，祝愿你们奔向 21 世纪的航程充满闪光的成功之标。

前　言

　　《十大科学家丛书》是《少年科学文库》中的科学家系列图书，在这套内容丰富、规模庞大的文库里，为什么要给科学家的故事留下重要的一个席位呢？只要看一看当前的书刊市场，我们便不难找到这个问题的答案。

　　如果你是一位家长，如果你有一个上中小学的孩子，如果你的孩子陷入了"追星族"、"发烧友"的狂热之中，而你又想改变孩子的兴趣和注意力，使孩子树立正确的人生观和价值观，那么你一定想带孩子到书市去转一转，为他（或她）选购几本具有正确价值取向、能鼓励人们奋发向上的课外读物。这时候，你也许会感到失望和沮丧。你会发现适合青少年阅读的这类图书实在太少太少。

　　在社会上的各类人群中，科学家是最应受到尊敬的人群之一。他们的力量最大，能改变人们的观念，改变生产和生活方式，改变整个社会面貌；他们的奉献精神最强，是他们把知识和智慧酿造成甘霖，洒向全世界，造福全人类；他们的思想境界最高，对自然规律的刻苦探索和深邃了解，是他们毕生的追求。今天，我们每一个人无不在享用着科学的恩惠，我们没有理由不去歌颂科学家的功德，没有理由不使科学家成为我们和我们的后代所崇敬和学习的榜样，没有理由不引导我们的青少年去追寻科学家的足迹，发扬他们的精神，继承他们的事业。正是出于这种考虑，我们的科普作家和出版家们才对《十大科学家丛书》的写作和出版投入了极大的热情。

全套丛书共分 10 册，较为系统地介绍了 100 名科学家的生平事迹和主要成就。他们都是世界或我们国内一流的科学家和发明家。他们的名字已被永远镌刻在人类科技发展史上。一切有兴趣阅读这套丛书的青少年，一定会从中获取力量，获取智慧，获取热情，获取对未来的新向往，惟有这一点，才是作者和编者的共同愿望。

周文斌

目　录

一、物理学的早期开拓者阿基米德

　　和其他学科一样，物理学是在总结人类同自然作斗争的社会实践经验中逐步诞生和发展起来的。阿基米德便是一位善于向实践学习、又善于运用实验手段来认识自然规律的物理学家兼数学家。早在公元前 3 世纪，在实验物理学远未诞生的时候，他就尝试着利用实验的方法，发现了螺旋、杠杆、滑轮的规律及浮力定律，奠定了静力学的基础；他还研究了曲线图形和曲面的面积、曲面体的体积，讨论了圆柱、圆锥和半球的关系，发展了欧几里德的几何体系。今天，航天飞机、人造卫星、航空母舰、潜水艇、机器人等复杂的机械，看起来使人眼花缭乱，但剖析一下它们的基本原理，无一不可以追溯到阿基米德的科学发现。现在的中学生，在开始学习物理学的静力学知识的时候，也大抵都要从杠杆原理、浮力定律等起步。古希腊人曾把阿基米德称为"α"（即"阿尔法"，希腊字母中的第一个字母）。这一称呼，涵义的确是深远的。在当时看来，它意味着阿基米德是第一流的物理学家兼数学家；现在看来，它也意味着阿基米德是物理学的早期开拓者。

　　在他死后近两千年，也就是 1670 年，英国人才系统地收集了他的科学著作，出版了《阿基米德遗著全集》。然而，关于他的生平事迹，却少有文字记载，只有一些流传的故事。下面我们所撷取的，就是这些故事中的一些片断性情节。

天文学家的儿子

阿基米德出生于地中海中部的西西里岛。时间为公元前 287 年。

现在的西西里，是意大利的领土。而在两千多年前，它却是古希腊的殖民地。随着希腊的衰落，西西里分裂成许多希腊化的小国。位于西西里东部的海港城市叙拉古（今译锡腊库扎），当时就是这些小国中的一个。它便是阿基米德的故乡。

叙拉古是沟通欧、亚、非三洲的交通枢纽，也是一个军事要塞。在阿基米德的时代，它的北面受到罗马帝国的严重威胁，西面又有迦太基（现在的突尼斯）的觊觎。交通枢纽的地位给它带来了繁华，强大的外来压力又使它处于不安之中。

古希腊是人类文明的摇篮之一。它培育过一大批杰出的哲学家和科学家。天文学家泰勒斯，数学家毕达哥拉斯，哲学家德漠克利特、柏拉图、亚里斯多德等，都曾经是古希腊人的光荣与骄傲。

阿基米德的父亲菲迪阿斯也是一位天文学家兼数学家。他一生研究地球、太阳、月亮的关系，计算星球间的距离，多有建树。儿子的出生，带给这位科学家的不仅是欢乐，更多的是希望与寄托。菲迪阿斯企盼儿子成为一个有出息、有智慧的人，因而给他取名为阿基米德。在希腊文里，"阿基米德"便是杰出的思想家的意思。

阿基米德长到 7 岁的时候，父亲为他请了最好的教师，教他数学、天文学、哲学和文学。群众中流传的伊索寓言、荷马史诗，是阿基米德最爱听的故事。这些故事不仅给了他智慧，而且培养了他热爱生活、热爱祖国的高尚品质。

在古希腊这个富有哲学思辨的国度里，争论一些哲学问题几乎成了一种时髦。小阿基米德特别爱听大人们在一起进行唇枪舌剑的辩论。有时候，他在听懂了双方的观点后，也忍不住要加入到争辩中去，或支持某一方的意见，或表示自己独立的见解。

作为天文学家的菲迪阿斯本人也是阿基米德最好的教师。他常常带着孩子观察星空，教给他各种星座的名称和方位。

在那个时代，纸张尚未发明，孩子们学习知识是相当困难的。要演算数学题，绘出几何图形，都只能用树枝在地上写写画画，或用刻刀在涂有蜡的木板上刻划。这自然是很艰苦的事情，但阿基米德乐此不倦，很快学到了许多知识。据说，有一次，阿基米德在洗澡的时候，突然想起一道几何题，因为找不到可以书写的地方，就只好用指甲在自己的身上画出一道道痕迹，进行推理和求证。后来，他发现在沙滩上书写和画图最为清晰和方便，从此，沙滩便成了他终生从事学习和研究的地方。那宽阔的沙地上，留下了他的智慧，留下了他的思考，也留下了他前进的足迹。

十一岁的"留学生"

阿基米德常常到叙古拉的港口去玩耍，聆听人们议论一些从海外带来的新消息。从那些远航人的口中，他知道地中海对岸有一个叫埃及的国家，那里有一个港口城市亚历山大，聚集了许多第一流的学者和科学家，创造了为世人钦佩和叹服的学术思想。此外，城里还有当时世界上最大的图书馆，藏书达 70 万卷以上，那无疑是一个智慧的大宝库。

这一切，对正在求知上进的阿基米德无疑有极大的吸引力。他决心到那里去学习，希望在那里找到那些人们争论不休的问题的答案。

父亲虽然为儿子的志向而感到高兴，但作为一个穷学者，却没有那么多钱供儿子到亚历山大去。然而，叙古拉的国王亥厄洛却与阿基米德的家庭有着亲戚关系。在这位国王的资助下，阿基米德的愿望才得以实现。

按照现在的说法，阿基米德成了一名"留学生"，可他当时不过才11岁。

亚历山大城是埃及托勒密王一世开始兴建的王都。坐落在城市中央的王宫花园，是当时世界上著名的学术中心。那里的博物馆和图书馆不仅是学者们从事学术研究的最好环境，而且也吸引了来自希腊、印度、阿拉伯等地的求学青年。被誉为"几何学之父"的欧几里得，便在这座王宫花园中开办过学校，讲述他的著作《几何学原理》，传播他的学术思想。

阿基米德来到亚历山大的时候，欧几里得已经去世，他的学生埃拉托色尼便成了阿基米德的老师。师生之间感情甚洽。他们一起讨论数学、天文学、力学方面的问题，一起看戏剧，听音乐。每当风和日丽之时，他们还一起去散步或游览尼罗河。就在这种融洽的关系中，阿基米德的知识和智慧一天天丰富起来。这些知识和智慧最终打开了发明创造的大门。

埃及是一个干旱少雨的国家。每逢旱季到来，农民们就忙着利用吊杆提水浇地。这是一种十分繁重的体力劳动。农民们在炎热的阳光下，一个个干得汗流浃背；从撒哈拉沙漠刮来的热风，把他们的嘴唇都吹裂了。

阿基米德看到农民们如此辛苦，便决心设计一种方便省力的提水工具。

他首先想到沿着一个斜面把水提升上去，一定会比垂直向上提水要省劲得多，而且斜面的坡度越小，省力越多，正如一个人爬一座平缓的山要比爬一座陡山省劲一样。但是，坡度越小，提升同样的高度，所走过的路程就会越长，也就是说，斜面必须延伸很远。显然，在一个很小的井筒里，是不可能容得下这么长的斜面的。于是，他又想到把斜面折成几折，变成类似于锯齿的形状。这虽然解决了斜面占地太大的问题，

阿基米德 11 岁在埃及留学时看农民提水

但要让水沿着被折叠过的斜面上升，其难度仍然很大。

他带着这个难题徘徊于室内，踯躅于海边，总也找不到理想的方案。

有一天，海边沙滩上的一只海螺忽然触动了他的灵感：原来那海螺壳上的螺纹，正是一个被缠绕起来的坡度不大的斜面。如果设计一种像海螺这样的机械，就可以使斜面在一定的高度内以任意坡度来延伸。

有了这个思路以后，阿基米德很快设计和制造成功了一种省力的提水机械：让一个斜面绕在一根轴上，构成一个类似现在的螺杆式的东西。螺杆置于一个两端开口的圆筒内，一端装有可使螺杆转动的摇柄。这时，只要把圆筒的下端置于水中，再用力轻轻摇动螺杆，水就会沿着螺纹的斜面爬升，直到从圆筒的上端流出来。

从此，这种机械被称之为"阿基米德螺旋提水器"。它不仅很快从埃及传到了国外，被广泛用于提水灌溉或排除积水，而且至今在埃及的农村，还在使用着阿基米德在两千年前的这项发明。我们今天所见到的飞机和轮船的螺旋桨，机械中的各种螺杆，建筑物中的各种盘旋的楼梯，甚至连小小的螺丝钉，无一不是利用了"阿基米德螺旋"的原理，无一不是"阿基米德螺旋"的后代。

在发明了螺旋提水器之后，阿基米德进一步对螺旋进行了理论研究，并写出了一部不朽的著作——《论螺旋线》。

此外，阿基米德还从实际出发，对各种几何图形的面积和体积进行了研究和计算。当时的希腊人，只大略知道圆周的圆长是直径的三倍。阿基米德通过研究，证明圆周率（即周长与直径之比）π 在 3.1409 至 3.1429 之间，这与我们今天知道的 $\pi = 3.1415926\cdots\cdots$ 是很接近的。

在对许多几何形状的研究中，最使阿基米德引为自豪的是，他证明了圆柱体和它的内接球（即把一个球体恰好嵌入一个圆柱体内，这个球体就称为这个圆柱体的内接球）的体积之比为 3：2。他甚至留下遗言，要后人将一个有内接球的圆柱体的图案作为墓志铭，镌刻在自己的墓碑上。

王冠之谜

阿基米德从 11 岁去亚历山大学习和工作，直到 47 岁才回到叙拉古，时间是公元前 240 年。

这时，正是他的创造力量旺盛的时期。他被委任于亥厄洛国王的顾问，继续从事数学和力学方面的研究。

不久，亥厄洛国王碰到了一道难题：他给了工匠一块纯金，让工匠给他做了一顶金光闪闪的王冠，但却怀疑工匠隐匿了其中的金子。工匠矢口否定，而且也确实证明了王冠的重量恰好与国王给他的金子的重量相等。这并未打消国王的疑虑，他总觉得工匠可能在王冠中掺入了与他隐匿的黄金等重量的白银，才使王冠保持了现有的重量。可要证实工匠的这种作假行为，却又拿不出真凭实据来。

国王把判断工匠是否掺假的任务交给了阿基米德。阿基米德也真的被这个问题难住了。他日思夜想，逐渐理出了一些头绪，这就是在王冠与金块重量相等的情况下，只有证明它们的体积是否一样，才能最后断言工匠是否掺假。

问题的难度也正在于此。阿基米德虽然凭着他的数学功力，计算过多种几何形状的体积，但面对这顶玲珑剔透的王冠，要计算它的体积却也感到无从下手。

有一天，阿基米德去公共浴室洗澡。浴盆里装了满满的一盆水。他坐进浴盆时，水就沿着盆边漫了出来。直到他在盆里完全坐定以后，水才不再外漫了。阿基米德心里想：多可惜啊，我的身体竟把与它的体积相当的水给挤到盆外去了。

就在这一瞬间，阿基米德猛然想到了证实王冠是否掺假的方法。他从浴盆里跳了出来，连衣服也没有顾得上穿，就直往家里奔去，嘴里还不断地叫喊着"尤里卡！尤里卡！"

"尤里卡"是一句希腊语，也就是"知道了"或"有办法了"的意思。

那么，阿基米德究竟有了什么办法呢？原来他从洗澡时身体排出等体积的水的现象，找到了计算王冠体积的方法：只要把王冠浸入盛满水的陶罐中，它所挤出来的水的体积就正好是这顶王冠的体积。

后来，他果然用这个方法求出了王冠的体积，证实了王冠的体积大于同重量的金块的体积，使聪明的工匠不得不招供了他在王冠中掺进了

阿基米德在测王冠的重量

白银的事实。

现在，我们的中小学生都会知道，阿基米德在揭开王冠之谜时，不过是利用了物质的"比重"这一概念。然而，在阿基米德那个时代，这一概念还未产生。第一个揭示求比重法则的，正是伟大的阿基米德。

这便是揭开王冠之谜的真正意义所在。

浮力定律的诞生

王冠之谜的揭开，实际上已使阿基米德的一只脚跨进了液体静力学的大门。他在继续思考，为什么人在进入浴盆的时候，能够感到有一种向上托起的力量呢？为什么装满货物的船只在水中不致于下沉呢？是什么力量将它浮出水面的呢？这种力量又究竟有多大？

为了解答这些问题，阿基米德同样采用了测量王冠体积的方法，将各种比重的物体放进装满水的陶罐中，这些物体虽然有的浮在水面，有的沉到水底，但都要从陶罐中排出一定数量的水来。通过对所排出的水的重量和物体本身的重量的计算，他终于发现了这样一条规律，所有放在水中的物体，都会受到水的浮力。对于那些比水轻的物体，它排开水的重量，恰好等于它本身的重量。因此，也可以说，这个物体所受到的浮力，恰好等于它排开水的重量。那些比水重的物体，则因为它所排开水的重量还不足以抵消它本身的重量，因而会沉到水底。虽然如此，这些物体在水中也同样受到了向上的浮力。这个浮力的大小，也等于它所排开水的重量。

接着，阿基米德又用其他液体作了类似的实验，同样得出了上述结论。

根据这些实验结果，阿基米德终于写成了他的另一部伟大著作——《浮体论》。这一著作中所记叙的浮力定律，成为了液体静力学的基石。

现在的物理学课本中，对浮力定律的表述是简洁而准确的，即物体在液体中所受到的浮力，等于它所排开的液体的重量。

这句不过 20 多个字的话，却凝聚了阿基米德的巨大智慧和辛勤劳动，也为后代的许多科学发明奠定了理论基础。今天我们见到的轮船、军舰、潜水艇等等，无一不是建立在这一理论基础之上的。

直到阿基米德逝世一千多年后，意大利物理学家伽利略将浮力定律由液体引伸到了气体，发现了气体对物理的浮力也完全符合浮力定律所揭示的规律。这一发现，成了后来发明氢气球和热气球的理论依据。

"只要给我支点……"

在发现浮力定律以后，阿基米德又转向了对杠杆的研究。

生活中给了他许多有趣的启示：利用一根撬杆，可以撬动一块巨大的石头；利用一根带有支点的吊杆，可以省力地从水井中提起一桶水来……

对于这些生活中的现象，人们已经熟视无睹了，可它却引起了阿基米德的思考：为什么撬杆能够撬动双手所无法扳动的石头？为什么利用吊杆打水要比直接从井里提水省力得多？这里面究竟存在什么样的必然规律？

为了回答这些问题，阿基米德又开始了实验研究。他制作了一个类似天平的装置：一个支点上架着一根横杆。当支点在横杆的正中间时，在横杆两端加上等重量的物体，便能使横杆保持水平状态；如果把支点移向横杆的左侧，则横杆就会向右侧倾倒，本来是等重量的物体，这时似乎右侧的比左侧的要重一些；如果仍然要使横杆保持平衡，就必须在左侧加上比右侧更重一些的物体。反过来，如果支点向横杆的右侧移动，则左右两侧的情况完全反过来了。这使阿基米德意识到，用撬杆撬动石块和用吊杆可以省力地提水的原因，完全在于支点的位置。

然而，支点位置和力的大小之间又存在什么样的数量关系呢？阿基米德进一步对这个问题作了深入的研究，并把从支点到重物之间的距离称作重臂。这样，他就得到了如下的关系式：重物和重臂成反比。

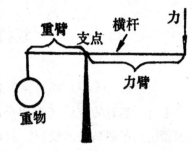

今天的物理学课本把这个关系式表达为：

力×力臂＝重×重臂

这就是所谓"杠杆原理"。有了这一原理以后，重物和力之间的计算就成为可能了。从原则上来说，只要力臂足够大而重臂足够小，就可以用足够小的力撬起足够重的物体。因此，阿基米德给亥厄洛国王写信说："只要给我一个支点，我就可以推动地球。"

国王不了解其中的奥妙，以为阿基米德在吹牛，有意要考验考验他。

当时，亥厄洛王正好为埃及国王托勒密建造了一艘大船，许多人都无法把它推下水。亥厄洛王找来了阿基米德，对他说："你不是能推动地球吗，那么，就请你把这艘船推下水吧。"

阿基米德接受了王命，便精心地设计和制造了一套杠杆滑轮系统。在隆重的推船下水仪式上，阿基米德把这一系统一端的绳子系在大船上，而把另一端绳子的摇柄交给了国王，并且对他说："尊敬的王啊，现在您就有力量把这艘船送下水了。"

国王按照他教给的方法，用一只手轻轻摇动手柄，只见那艘船果然开始滑动起来。一会儿功夫，船便顺利下水了。

这不过是杠杆原理的一次实际应用。今天，在所有的复杂机械中，几乎无不用到杠杆原理。但对于推动地球这样的带有幻想色彩的说法，除了要有一个支点外，还必须有一根力臂比重臂长 10^{23} 倍的杠杆。这样的杠杆同支点一样，都只能在想象中存在。

叙拉古的保卫者

公元前218年，罗马与迦太基发生了战争。叙拉古的亥厄洛国王早已去世，当时的统治者在罗马与迦太基的战争中站到了迦太基的一边，因而引起了罗马人的疾恨。罗马帝国凭借着自己强大的军事力量，发动了对叙拉古的讨伐和进攻。

这时的阿基米德已是近70岁的老人。强烈的爱国思想使他走上了保卫祖国的道路。他把自己的晚年全部献给了抵御敌军的器械的研究，先后研制成功投石机、回转起重机等武器，一次又一次地打败了罗马军队的进攻。他所设计的投石机，巧妙地利用了杠杆原理来绞紧牛筋，然后利用牛筋的反弹力把一颗颗石头像炮弹一般投射出去，给了罗马军队以重创。他所设计的回转起重机同样也是杠杆和滑轮的灵活运用。这种机械可以把罗马舰船从海中吊起来，然后把它们摔碎。

在另一次战斗中，阿基米德还让守城的人们——其中包括许多妇女和儿童，各拿一面铜镜，组成一面大型凹面镜，把炽热的太阳光聚焦到敌人的战舰上，点着了船帆，烧着了船只。

由于阿基米德所发明的种种武器的威力，终使罗马军队攻占叙拉古的意图长期未能得逞。罗马的海军统帅马塞拉斯在吃了多次败仗以后，沮丧地说，阿基米德这个"几何学妖怪"使我们出尽了洋相。他神奇莫测的法术，简直比神话传奇中的百年巨人的威力还要高超多倍。

公元前212年的阿尔米达节（即月亮女神节）那天，叙拉古人在胜利中庆祝节日。美酒、篝火、舞蹈，使叙拉古人沉浸在欢乐之中。

就在这时，狡猾的罗马军队竟趁月夜悄悄潜入叙拉古城。第二天天刚破晓，罗马人的军号已在城内响起。叙拉古陷落了。

马塞拉斯立即派人去找阿基米德。他希望能够蠲弃前嫌，利用阿基米德为自己服务。

此时的阿基米德正在海边沙滩上研究一幅几何图形。

当寻找他的士兵一脚踏在几何图形上的时候，阿基米德才从沉思中醒来。他愤怒地冲着那个罗马士兵喊道："滚开，不要弄坏了我的图！"

罗马士兵哪里忍受得了这样的训斥。他后退了一步，拔出剑来，对准了阿基米德的胸口。

阿基米德这才知道站在眼前的是自己的敌人。他只得请求罗马士兵给他最后一点时间，让他解完这道几何题，免得给世人留下一道尚未证完的难题。

但是，凶残的罗马士兵没有满足这位七十五岁的老人的最后愿望……

阿基米德为祖国，为科学流尽了最后一滴血。

后人的敬仰

斗转星移，一百多年的时光很快过去了。公元前 75 年，罗马政治家西塞罗担任了西西里总督。他来到了叙拉古，准备去凭吊阿基米德。

然而，此时的叙拉古人竟说不清阿基米德的墓穴到底在哪里。

西塞罗一次又一次遣人寻找，仍旧没有得到满意的结果。他决定亲自出马，大有不找到坟墓不罢休的劲头。

西塞罗来到了阿黑洛地门的一片墓地，在萋萋荒草中仔细地寻觅着。一座座坟墓都踏看过了，一块块墓碑都作了认真的审视。事情几乎到了使他绝望的程度。

突然，从牛蒡中露出的半截石碑引起了他的注意。那上面所镌刻的带内接球的圆柱体的图形还依稀可辨。

"啊，这不正是阿基米德在遗嘱中提到过的那种图形吗！"西塞罗惊喜万分，立即让人割去荒草，把墓碑整个挖了出来，再作细致辨认。

果然不错。墓碑上除了有后人遵照阿基米德的遗嘱所刻上去的图形外，还刻有人们纪念这位伟大的科学家的诗句。只是由于年代久远，那诗句的后半部分已经风化剥落、无法辨认了。

西塞罗立即下令：将阿基米德的墓穴发掘出来，重新进行安葬，从此，那修茸一新的坟墓，伴随着他的英名，永远为后代所敬仰。

二、科学巨人牛顿

孤寂的童年

在科学史上，1642 年是永远值得纪念的。这一年，意大利伟大的物理学家、天文学家、现代实验科学的奠基人伽利略逝世了，使科学事业遭受了重大损失。而就在这一年的圣诞节那天（即 12 月 25 日），上帝又把另一位科学巨人伊萨克·牛顿送到了人间。

牛顿出生于英国林肯郡的一个名叫沃尔斯索普的村子里。父亲是一个农民，在儿子出生的前几个月，他就以 36 岁的年龄过早地离开了人世。抚育孩子的重担，全部落到了母亲罕娜的身上。

牛顿刚长到 2 岁，罕娜在邻居的劝说下，嫁给了邻村北尉坦的牧师巴拿巴·史密斯。伊萨克被留在沃尔斯索普村，由外祖母艾斯库和舅舅詹姆斯负责抚养。

虽然外祖母和舅舅都非常疼爱这个没有父母的孩子，可伊萨克的童年仍旧孤独而寂寞。他常常把自己关在家里，用锤子、锯子作各种小玩艺儿，或修理家中的桌子、椅子。渐渐地，他对这些木匠活儿竟产生了浓厚的兴趣，手艺也越来越高超。他甚至把家中的一辆手推车改成了一辆四轮车。

牛 顿

这时候的伊萨克，已是一名小学生。干木匠活儿常常使他耽误了做功课，因而他在学校的成绩，总是倒数第几名。

在村子附近的河边，有一座水磨坊。那在河水的冲击下轱辘辘地转动的水车，常使伊萨克看得发呆。他仔细琢磨着水车旋转的道理，反复推敲着从水车到磨盘的动力传送过程，最后终于决定自己动手制作一架水车模型。

从那以后，他每天一放学就往家里跑，关起房门，实施着水车制作计划。直到夜深人静的时刻，他那房间里还不断传出噼噼啪啪的敲打声或哼哧哼哧的锯木声。

就这样整整过了一个礼拜，一个精致的水车模型作成了。他把这个模型带到了学校，引得班上的许多同学都羡慕不已。中午刚一下课，一大群同学便簇拥着他来到校园内的一条小河边，大家七手八脚地拦起一道水坝，再把水车架到河水较为湍急的地方。水车果然灵活地转动起来，同学们不禁高兴得拍手叫好。

班上有个成绩优秀的学生也凑过来看热闹。这个孩子平时最瞧不起牛顿，如今听到大家都在赞扬这个成绩最差的学生，心里不是滋味。于是，他想找岔儿给牛顿一点难堪："伊萨克，你说一说，为什么水车碰到水就会转？"

牛顿一下子被问懵了。他略微思考了一会儿，回答说："那是因为水冲撞的缘故呗。"

"这个回答不能使人满意，因为你还是没有说出道理来。"那个优等生显然很得意了，"说不清道理，顶多也不过是个笨木匠。"

刚才还在夸奖牛顿的那些同学，一下子倒向了优等生那边，随声附和地讥笑起牛顿来：

"笨木匠哟，笨木匠！"

"牛顿是个只会做水车的笨木匠！"

羞愧烧红了牛顿的脸。他低着头，一声不吭。

这时，班上的一个自恃力气大而横行霸道的同学走了过来，一边狠狠地朝牛顿踢了一脚，一边骂道："为什么不吭声，你这个笨蛋！"

牛顿再也无法忍受了。他不知从哪儿爆发出一股力气，猛烈地向那个家伙冲了过去，直把对方撞了一个趔趄。牛顿乘胜追击，终于把那个野蛮的学生打倒在地。

在一旁看热闹的学生一齐围了过来，才把他们两人拉开。

这件事情对牛顿产生了深远的影响，他在当众受到羞辱之后，对学好课堂知识的重要性有了新的认识。他不甘心于当一个"笨木匠"，也不相信那个优等生能明白的道理自己就学不会。从此以后，他不仅上课认真听讲，而且课后的时间也大都用在学习上。据说有一次他出去放羊，直到天色很晚也未回家。舅舅着急了，就到山野间去找他。舅舅好不容易在灌木丛中找到了他，而他放的羊却早就不知跑到哪里去了。因为他一直在聚精会神地读着书，把放羊的事完全抛到了脑后。这种刻苦学习的精神，加上他爱动脑子的习惯，使他对许多问题的思考比其他同学更深一些。因此，他的成绩很快就赶上来了，有的功课还走在班内所有同学的前面。

另外，那次对那个野蛮学生的胜利，也使牛顿怯弱的性格受到了鼓舞。他那沉睡着的顽强精神被唤醒了。从此，他树立了自信心，培养了不屈不挠的品格。这种品格在他后来的科学研究中表现得十分明显。

快乐的中学生

在外祖母的身边度过了十年的时光之后，牛顿已成为一个 12 岁的少年了。他进了格兰瑟姆镇的金格斯中学。

金格斯中学创立于 1329 年，有着悠久的历史，那教堂式的校舍，掩映在绿树丛中，显得美丽而幽静。一条小河穿越森林，从学校旁边流过，更为这优雅的环境平添了几分生气。

在这样的学校读书，牛顿感到是一种享受。唯一憾缺的是，他再也不能与外祖母和舅舅在一起了，因为格兰瑟姆离沃尔斯索普有十多千米，不可能再像上小学时那样走读。这个 12 岁的孩子只得过早地开始了独立生活。

他寄居在格兰瑟姆一个名叫克拉克的药剂师家中。克拉克夫人是牛顿的母亲罕娜的好友。他们夫妇二人待人热情，对牛顿更是关怀备至，就像对待自己的孩子一样。牛顿虽然是第一次离家，但并不觉得孤单。在克拉克夫妇的照顾下，他生活得很愉快。

尤其使牛顿感到高兴的是，药剂师所作的各种化学实验，为他提供了一个学习新知识的极好机会。他常常主动帮助克拉克工作，并在这种工作中产生了对化学实验的兴趣。

牛顿的居室在药店的二楼。这安静的环境，正是他思考问题的最好场所。每当他做完功课以后，他的脑子仍旧闲不下来，总要想一些新的东西，并且动手去实践自己的想法。他把一个空茶叶筒支在一个带有刻度的玻璃瓶子上，在茶叶筒底部打了一个小洞，然后将筒内灌满了水，让水从小洞中一滴一滴地流入瓶中，如此作成了一个水钟，用来确定时间。这样的水钟虽然还有许多明显的缺点，但出自于一个 12 岁的孩子之手，不能不说是一种智慧的光芒。

有一次，牛顿看到一幅画着风车的图画，于是产生了做一架风车的念头。然而，这架风车是如何凭借风的力量来转动的，从图画上并不能看得出来。同时，小学期间因为做了水车而又说不清水车转动的道理，并因此被同学讥笑为"笨木匠"那件事，此时又涌上了他的心头，刺得他的心隐隐作痛。他决心在制作风车之前，先对风的力量作一番研究。

他从孩子们放风筝受到启发，认为那是一种观察风力和风向的好办法。于是，他自己动手做了许多大小不同、形状各异的风筝，一一到外边去作飞行试验。为了便于观察，他还把点燃的蜡烛系在绳子上，让它随风筝一起升到高空去。据说这件事还在格兰瑟姆镇引起过一场风波。夜空中，人们看到天空飞行的亮光，以为出现了彗星，感到甚为惊恐，因为在那个时代，大家都认为彗星是不祥之物。

牛顿就这样边放风筝，边改进风筝的形状，边记录气流的运动，边思考其中的道理，心里感到渐渐明朗了。

在这个基础上，他开始做风车。由于风车叶片的大小和形状，都是根据风速的大小和风的方向来设计的，所以很符合科学道理。

在克拉克的帮助下，牛顿把这架风车装到了药店的房顶上。轻风吹来，那细长的三角形叶片就轱辘辘地转个不停。

这架风车很快成了格兰瑟姆镇人的谈话中心。他们路过药店的时候，总要抬头看看这新奇的玩意儿，然后发出一阵由衷地赞叹。

可是，牛顿对这风车并不满意，那是因为当没有风的时候，它就静静地呆在空中，一点儿也转不起来。

他决心设法弥补这个缺点。平时就很注意观察事物的牛顿，这时想起了水井上的辘轳。当人用力气摇动辘轳把手的时候，井绳就一圈一圈地绕到了辘轳上，从而把水桶从井下提了上来。这时，只要你一松把手，水桶就会自动往下掉，并通过井绳带着辘轳转动。

"对了，只要在风车的轴上绕上一些绳子，并在绳子的一端系上一只木桶，当这只木桶慢慢往下掉的时候，风车不也就可以转动起来了吗。"牛顿想。他把这一设想付诸实践后，果然非常有效。即使空中连一丝风也没有，风车也照样慢悠悠地转动着。

就在这种紧张的学习和操作中，牛顿愉快地度过了两年中学生活。

不合格的农民

1656 年，一个沉重的打击突然落到了他的头上：他母亲改嫁的那位巴拿巴牧师去世了，罕娜只好带着两个女儿和一个儿子重新回到沃尔斯索普村。一家五口的生活重担猛然落到了母亲的肩上。她虽然早出晚归，仍旧无法对付那繁重的农田劳动。加上当时英国正处于内战之中，社会日趋腐败，农村的贫困化随之一天天加剧。在这种情况下，母亲感到了一种不胜负担的压力，于是给伊萨克写了一封信，希望他能回家务农，以分担一部分田间的活计。

务农当然不是牛顿的愿望，但他觉得生产劳动也是一条学习知识的途径。他同情母亲的处境，认为自己作为长子，有责任为家庭作出牺牲。在经过激烈的思想斗争之后，这个十四岁的学生毅然放弃了上学的机会，回到了沃尔斯索普村的老家。

虽然每天都要下地干活，可他还是在不断地思考着一些新鲜的事儿。他那种搞发明创造的欲望，变得越来越强烈。回家不久，他就在自己的院子里作了一个大大的太阳钟，利用太阳位置的变化而引起物体影子移动的原理来测定时间。他还给自家水井设计和制作了一个便于打水的装置。

村里的人无不夸奖伊萨克聪明能干。而他作为一个庄稼汉，却很不合格，甚至于常常闹出一些笑话。

有一次，母亲让他去喂鸡。他一边答应着，一边就向鸡窝跑去。可当他一见那鸡窝，立即想到有作某些改进的必要。他的脑子转开了，一味琢磨着改造鸡窝的事儿，竟忘了关鸡窝的门。鸡跑到地里，把小苗吃了个精光。

还有一次，母亲让他牵着马，送一袋小麦到格兰瑟姆镇去。牛顿把马的缰绳背在肩上，捧起一本书，高高兴兴地上了路。在寂静的小路上，他边走边看书，很快就被书本上的知识迷住了。在回程中，天渐渐暗了下来，书本上的字迹越来越看不清了。可当他猛然从书本中清醒过来的时候，竟发现自己肩上背着的仅仅只是一根缰绳，那匹马已不知道跑到哪里去了。他急得团团转，四处去找马，可却连马的影子也没有找到，所幸的是，那匹马自己跑回了家。

这件事发生以后，母亲再也不让他独自一人去送小麦了。每次去格兰瑟姆镇，都要让在家里帮忙的一个老头儿跟他搭个伴儿。对此，牛顿倒是一点儿也不反对。每次到了格兰瑟姆，他就将马交给老头儿，自己则钻进药店的二楼去看书，等到老头儿办完了事再来找他。

1658 年 9 月 3 日这一天，英国遭受了多年罕见的暴风雨的袭击。河水猛涨，房屋倒塌，树木被连根拔起。

牛顿家的房子在风雨中摇晃着，好像随时都有塌下来的危险。全家人被吓得胆战心惊，瑟瑟发抖。然而，就在这个时候，牛顿却失踪了。

全家人顶风冒雨，到处去找他，却还是不知他的去向。最后还是那个老头儿在后院发现了他。

老头儿纳闷：这么大的风雨，他在院里干什么呢？于是，他静静地躲在一旁，偷偷地进行观察。只见牛顿全身被雨水淋得透湿，豆大的雨点打在他的头上、身上，然后顺着头发和衣服往下淌，形成一道道小瀑布。他一会儿顶着风往前跳，一会儿又顺着风往后跳；一会儿解开斗蓬扣子兜着风跳，一会儿又扣上扣子再跳；每跳一次，就用尺子量一量所跳的距离。

老头儿把自己看到的情况告诉了罕娜，罕娜也感到疑惑不解，她担心孩子是被农活逼得发疯了，压根儿也不知道牛顿是在趁这个难得的机会测定风的力量。

罕娜找到牛顿的舅舅詹姆斯，说出了自己心中的忧虑。

"是呀"，詹姆斯说，"我看伊萨克不能再干农活了，还是让他回学校上学吧！"

"我也是这样想的。"罕娜说，"再不让他去上学，恐怕他真要发疯的。"

就这样，牛顿重新回到了金格斯中学。重新回到了那家药店的二楼居室。

剑桥·斯托里·巴罗

回到格兰瑟姆镇的牛顿，年龄又增加了两岁。

牛顿所处的时代，正是自然科学大发展的时期。十五至十六世纪的欧洲文艺复兴，冲破了中世纪的黑暗，结束了以神为中心的文化，建立了以人为中心的学术文化思想，带来了科学的繁荣。在牛顿出生一百年前，哥白尼创立了太阳中心说，继而开普勒和伽利略等人又在天文学的研究中作出了一系列新发现，使人们对宇宙的认识逐渐趋于客观和正确。伽利略对落体运动和摆锤振动等物理现象的研究，更为现代实验科学奠定了基础，开拓了一条全新的道路。

处在这个时代的牛顿，对自然科学产生了强烈的兴趣。他希望在中学毕业以后再升大学，因而对功课的学习抓得更紧了。

那时的功课除了希腊语、历史、圣经等以外，还有一门拉丁文。因为大学的教材都是用拉丁文写的，所以学好拉丁文成了升大学的一个重要条件。平时，牛顿对这些课程并不喜欢，成绩也很一般。如今想升大学，必须下决心把这些堡垒一个个攻下来。他比过去更加用功了，尤其在拉丁文方面花费了更大的精力。

牛顿第二次来格兰瑟姆时，药店老板的情况已经有了一些变化。他的后妻带来了一个名叫斯托里的女儿，使药店显得比以前更为活跃。

斯托里是一个漂亮的姑娘，性格开朗而热情。她很喜欢同牛顿呆在一起，或同他聊聊天，或请他帮她复习功课。这对牛顿来说，也是一件快活的事情。虽然他当时正在致力于拉丁文的学习，但也很乐意与斯托里相处。他把同她的谈话或聊天当作休息和解除疲劳的一种方式，以便有更大的精力投入到学习之中。

时间长了，牛顿与斯托里小姐之间渐渐地产生了一种朦胧的爱情。

然而，这种关系没有继续下去。因为牛顿作为一个未来的大学生，短期内不可能有建立家庭的经济力量。即使他将来上了大学，他的婚姻也要受到宗教教会的干预。

在牛顿大学毕业之前，斯托里与一个叫文森特的人结了婚。她的出嫁，似乎带走了牛顿的全部爱情。从此以后，牛顿再也没有谈过恋爱，当然也更谈不上结婚了。在他 85 岁的漫长生涯中，始终与斯托里保持着深厚的友谊。一旦斯托里有了困难，牛顿总是竭力给予帮助。

1661 年 6 月 5 日，18 岁的牛顿从金格斯中学毕业后，果然如愿以偿，以"减费生"身份考入了剑桥大学三一学院。

剑桥大学和牛津大学一样，都是英国最古老、最负盛名的大学，是全国有才华的青年学生所向往的最高学府。它创建于 13 世纪，培养了一大批著名学者和政治家。这些学者和政治家们的肖像或大理石塑像，被分别陈列在礼拜堂和图书馆中。

学校的环境也是舒适而幽雅的。壮观的校门，堂皇的校舍，如茵的草坪，冰清玉洁的喷水池，美丽的、修剪得十分得体的林荫道，藏书丰富、气氛和谐的图书馆，都表示着这所学府的悠久历史和崇高地位。

来自农村中学的牛顿，面对这样的环境，一种骄傲和自豪感不禁油然而生。他暗下决心，一定要把功课学好，争取将来有所作为！

可是，事情并不那么顺利。

牛顿在金格斯中学的时候，曾经是学校引以为荣的一名优等生，而进入剑桥之后，与那些来自各地的优秀学生相比，他就显得极为平常了。而且由于他曾经辍学，因而进大学时的年龄也比其他学生大三四岁。同学们送了他一个外号，称他为"晚熟的人"。

他在学校的地位也不是与其他学生平等的，像他这种"减费生"，虽然每天可以得到一份免费提供的午餐，但却需要付出代价，即侍候那些有钱有势的富家子弟。

17 世纪中期的剑桥大学还带有相当浓厚的中世纪色彩。自 16 世纪英国建立基督教和不断企图重建天主教以来，各大学的讲座就一直受到政治的影响。在保皇派和共和派的内战期间，剑桥大学在一段很长的时间内都是保皇派的堡垒。一大批教师受到迫害，被赶出校门。直至牛顿进剑桥大学的前后，这里仍旧保持着经院式的教育制度。逻辑、古文、语法、古代史是学习的主课，其根本目标是培养牧师和其他神职人员。不仅当时在意大利、德意志、法兰西等欧洲国家兴起的科学研究之风未能吹进这个顽固的堡垒，就连英国科学哲学家弗兰西斯·培根提倡学习自然知识、反对经院哲学的进步思想，也未能在这所大学里激起波澜。整个学校的气氛仍然是一潭死水。

由于在中学时期打下的基础，刚进大学的时候，牛顿的拉丁语、希腊语还是学得比较出色的，而数学成绩却一直跟不上。他用了两年时间，主攻了算术、三角和欧几里得的《几何原理》、笛卡儿的《几何学》。同时，他还对哥白尼的太阳中心说产生了兴趣。

就在这时，学校的沉闷气氛有所缓解。1663 年，一个名叫亨利·卢卡斯的人利用自己的遗产在三一学院创办了一门自然科学讲座，其内容是由各任课教师轮换讲授地理、物理、天文和数学。第一个担任"卢卡斯讲座"教授的是伊萨克·巴罗。他是三一学院仅有的一位博学多才的教师。这位当时年仅三十三岁的学者，曾屡遭英国的政治迫害，在意大利和德意志长期流浪，却始终坚持科研工作。巴罗是一个独具慧眼的学者，正是他把牛顿引进了近代自然科学的门槛。

"卢卡斯讲座"开设不久，巴罗教授就发现牛顿对自然科学和数学有着出奇的理解能力，因而对他怀有敬意。他甚至说，自己虽然对数学略有造诣，但与牛顿相比，还只能算是一个小孩。

从那个时候起，巴罗教授就不断地向牛顿推荐和提供一些数学和光学方面的著作，以进一步打开他的思路。1664 年，巴罗教授通过考试，还把牛顿选为自己的助手。

作为科学巨人的牛顿，这时才真正在科研的道路上迈开了第一步。

奇迹的诞生

17 世纪 60 年代中期，一场毁灭性的鼠疫席卷了英国，也打乱了牛顿的学习和生活。仅 1665 年夏季，伦敦就有 3 万人死于传染病。为了避免疾病的传播，剑桥大学不得不于这一年宣布停学。

牛顿回到了故乡沃尔斯索普村。

此时，他虽然二十刚刚出头，可却对当时自然科学的现状和发展方向有了清晰的了解。他在数学、光学、力学、天文学方面有着广博的知识。他要在这些知识的基础上向前开拓，把那些在学校没有能够弄清的问题弄个水落石出。

与世隔绝的乡村，为他提供了安静的学习、思考的环境。他首先把在学校里所学过的东西和所做过的实验加以归纳整理，然后确定了自己的研究方向。在沃尔斯索普村的两年中，他为自己一生的三项主要发明绘出了蓝图，打下基础，以后的工作，不过是对这些发明的进一步验证和完善。

这三项发明是：微积分的创立、万有引力定律的发现、光谱学的研究。

这是科学史上的奇迹，也是科学史上的佳话！一个二十多岁的青年人，在一个偏僻的乡村里，用了两年时间，创造了三项划时代的科学成果！直到 300 多年以后的今天，这个记录也还没有被人们所突破！

它似乎是不可企及的！似乎是神的意志在一个天才人物身上的集中体现！

然而，牛顿的这些发明并不是一个不解之谜。它只是酝酿已久的科学革命的一次集中爆发，是牛顿勤奋刻苦钻研的伟大结晶。

我们知道，早在中世纪末期，意大利便兴起了文艺复兴运动，并且很快波及了整个欧洲。以人为中心的自由文化的建立，冲破了宗教神学的桎梏，极大地焕发了人们的创造精神。文艺复兴的先驱——意大利艺术家、科学家、工程师利昂纳德·达·芬奇曾提出了"从经验出发，并通过经验去探索原因"的唯物主义思想，并且强调数学和力学是自然科学的基础，从而为实验科学的兴起奠定了理论基础，推动了科学研究的健康发展。16世纪后半叶，波兰科学家哥白尼推翻了太阳围绕地球旋转的天动说，创立了地球等行星围绕太阳旋转的地动说，为天文学的大发展提供了前提条件。以后，德国科学家开普勒继承了哥白尼的观点，对行星的运行轨道、运行速度和围绕太阳公转的周期进行了长期的观察和研究，提出了著名的行星运行方式的三大定律。开普勒的同时代人、意大利科学家伽利略利用望远镜观测了天体，为哥白尼的学术提供了实验依据。他对落体运动的研究，廓清了"物体越重，下降速度越快"的错误观念。开普勒对于地球和月球之间存在引力的阐述，则更是牛顿发现万有引力定律的一块路标。从17世纪上半叶光学研究方面的许多重大理论成果，尤其是望远镜和显微镜的发明，也为牛顿在光学研究中的成功奠定了一块基石。

科学上的一系列成就，与牛顿的天才和勤奋结合在一起，才导致了科学史上的一次飞跃。

事实上，牛顿的少年时代并未表现出过人的才华。他只是一名勤奋的学生，一个爱动脑筋的孩子。直至进了剑桥，遇到了伊萨克·巴罗教授以后，牛顿才以一个"晚熟者"的坚定和沉着，稳步地跨进科学的殿堂。而且在他以后的科学研究中，巴罗也是他最有力的支持者和最忠实的引路人。

牛顿回到故乡以后，他把自己关在家中的二楼上，废寝忘食地读书学习，不知疲倦地进行思考，把全部时间和精力都用在科研工作上。正是在这种情况下，他的天才和智慧才得到了充分发挥，科学史上的奇迹才得以诞生。

从二项式定理到微积分

在沃尔斯索普村的两年中，牛顿在数学领域有很重要的建树，其中最重要的问题就是微积分。

他对微积分的研究，是从二项式定理开始的。在今天，数学上的二项式定理已是初中学生就掌握了的知识，即：

$$(a+b)^2=a^2+2ab+b^2$$

然而，在 17 世纪中叶，人们对二项式的展开还不十分清楚。牛顿从对二项式的研究出发，对三次方、四次方及二分之一次方、三分之一次方等的展开作了深入的探讨，逐步进入了微积分研究领域。

严格地说，牛顿之所以开展微积分研究，只是适应了当时科学和生产发展的需要。

17 世纪之前的数学虽然已经发展到了相当的高度，但却都是以常量作为研究对象的，而对变化着的量却无能为力。当欧洲出现了早期资本主义以后，物理学提出了一系列新概念，如质量、动量、力等等，落体运动、摆动、弹道曲线、行星运动等的计算被提了出来，机械设计中也需要对运动过程作精确的把握。而这一切，常量数学已是无能为力的了，迫切需要有变量数学来完成这些任务。从常量数学到变量数学的过渡，是 17 世纪和 18 世纪数学领域的一场重大革命，在这场革命中，牛顿作出了重大贡献。

1664 年，牛顿的老师巴罗教授就自觉地运用连续变量来证明级数求和的方法。与此同时，牛顿也在研究速度与时间的关系以及确定曲线下的面积求解。在瘟疫流行期间，他把这些问题带到了那个僻静的乡村，继续进行研究和运算，思路逐渐开朗而明晰了，他的无穷级数理论也随之而奠定了基础。

1669年初夏，牛顿在光学方面的研究已告一个段落。他把在乡村时写下的手稿翻了出来，加以整理，写成了《用无穷多项方程的计算法》一文，交给巴罗教授审阅，并嘱巴罗教授转送皇家学会顾问、著名数学家科林斯教授，以在皇家学会登记备案。

牛顿的这篇论文使无穷级数理论成了数学的一个独立分支。当然，对于当时的牛顿来说，其主要目的只是用于级数展开，同时也用来确定面积或求解方程。

几天以后，巴罗教授果然把自己的得意门生的这篇论文寄给了科林斯教授。但他没有告知作者的名字，而却只说这篇论文是出自于剑桥大学一位年轻的、有才华的朋友之手。

科林斯教授读过论文，立即写了回信，对它大加赞扬。

此时，巴罗教授才在回信中把牛顿介绍给科林斯。他在信中说："这篇论文是一个名叫牛顿的、不满26岁的学生写的。他是一个罕见的天才。有了他的努力，数学将会得到进一步的发展。"

然而，由于至今尚未明瞭的原因，这篇论文未能及时发表。它在默默地度过了42年之后，才于1711年公开出版。这就导致了以后关于微积分的发明权的大争论。

1671年，牛顿又对他的数学成果作了进一步的总结，写成了《流数和无穷级数法》一书。这本书把微积分（牛顿当时称"流数术"）和级数论的完整叙述结合在一起，提出了严谨的、系统的微积分学，成为这一领域的先驱性著作。

然而，又是因为尚不明白的原因，这本书也未及时出版。有一种说法是，因为1666年的伦敦大火几乎烧掉了整个城市，印刷业遭到严重摧毁，因而不具备出书的外部条件。但这一说法亦似有牵强之处。

这本书的命运比前一篇论文更惨，直到牛顿去世后才于1736年在伦敦出版英文本。到了这时，该书的内容早已落伍。它的出版，只是为牛顿的拥护者在和德国数学家莱布尼茨就微积分的发明权进行争论时提供了证据。

从七色光谱到反射望远镜

牛顿虽然在数学问题上花费了很大的精力，但他的主要兴趣还是在物理学上。他只是把数学当作研究物理学的钥匙。他正式发表的第一篇论文《关于光和色的新理论》，即是他对光谱的研究结果。

在牛顿之前，一位捷克医生马尔西，曾经作过这样的实验：使一束白光透过三棱镜，白光就被散射成红、橙、黄、绿、青、蓝、紫七种颜色的光；但如果在其中任何一种颜色（比如红色）的光线面前，再放一个三棱镜，则透过三棱镜的光线仍为原来的颜色（红色）。

在沃尔斯索普村的时候，牛顿对这一现象作了进一步的研究。他布置了一间暗室，只在窗板上开了一个圆形小孔，以让太阳光透过小孔射入室内。他在这束太阳光的通道上放置一个三棱镜，透过三棱镜的太阳光立即变成了彩虹一样的七种颜色，照在对面的墙壁上，最上面的是红色，以下依次是橙、黄、绿、青、蓝、紫。经三棱镜折射后的太阳光，竟散射成了七种颜色不同的平行光谱！

然后，他又拿了一个三棱镜放在七色光的通道上，相反的过程则又产生了：七色光竟还原成了一道白色的太阳光。

这一现象引起了牛顿深沉的思索。他经反复试验研究，终于证明了白光是由折射率各不相同的七种彩色光混合组成的。在太阳光穿过三棱镜时，折射率最小的红光落在墙壁的最上方，而折射率最大的紫光则落在墙壁的最下方，中间依次是橙、黄、绿、青、蓝五种颜色的光。

牛顿的这一实验和结论，为后来的科学家创立光谱学开辟了道路。今天，光谱学已广泛地应用于物质成分分析。人们不仅通过光谱分析，测定了太阳的物质成分，而且还发现了诸如铯、铷、铊、铟、氦等新元素。这些后代人的发现，不能不说有牛顿早期的一分卓越的功劳。

牛顿在对光的折射率作了研究以后，就把精力转向了望远镜的研制方面。

在17世纪初，荷兰眼镜制造商扎卡赖亚斯·詹森和透镜磨工汉斯·利彭斯海伊就先后发明了显微镜和望远镜。到了17世纪中期，望远镜已经多次改进，望远镜的制造已形成两种派别，一派为开普勒式或天文式望远镜（二面会聚透镜），一派为荷兰式或地球式望远镜（一面会聚透镜，一面发散透镜）。这两种透镜式折射望远镜在进一步改进时都遭到挫折。即由于透镜的球面像差和色差的限制，望远镜里不免会出现各种颜色，妨碍观察者的视线。采用加大焦距来相对缩小透镜差，则又使望远镜筒长得吓人——长达60米。这显然给制造和使用都带来了不便。

在进行反复试验以后，许多学者都对透镜式的折射望远镜消除色差失去了信心。牛顿也同意这一观点，认为透镜式望远镜难以再作改进。这种想法，在18世纪成功地消除了色差以后已被证明是错误的，但牛顿却是在这一错误观念的支配下，决定另辟蹊径，转而去研制反射式望远镜，并取得了积极的成果。

无论哪种颜色的光，其反射都是一样的。如果我们用凹面镜反射光线来代替凸面镜透射光线，就可以不受色差的影响。在牛顿之前，已有人设想过这一方案。但真正把这一方案付诸实现的，牛顿却是第一人。

牛顿继承了伽利略和培根倡导实验科学的精神，加上他又有精湛的手艺，因而使他成功地实现了这一愿望。他亲自动手，熔炼合金浇铸成凹形镜坯，又磨光镜面作成凹面镜，终于在1668年制成了世界上第一架反射望远镜。

这架望远镜长15厘米，直径2.5厘米，实在小得可怜，但却可以将物体放大30～40倍。他利用这个小玩意儿去观察天体，看到了木星的四个卫星和金星的盈亏现象，其清晰度，大大超过了同样大小的折射望远镜。

然而，牛顿制造的这第一架反射望远镜现在已经不知去向了。所幸的是，当时英国皇家学会得知了牛顿制成反射望远镜的消息后，要求他再正式做一架。1671年，牛顿做了一架大一些的反射望远镜送到皇家学会检验。同年秋天，这架当时世界上最好的望远镜又被送给了国王陛下，受到赞扬。这架望远镜至今被作为珍品保存在英国皇家学会，上面标着"牛顿爵士亲手所造的世界上第一架反射望远镜"的字样。

牛顿制成的世界上第一架反射望远镜

反射望远镜的发明，使牛顿获得了极大的声誉。他很快被提名为英国皇家学会候补会员，1672年1月11日，又被选举为皇家学会正式会员。

与此同时，牛顿写成了《关于光和色的新理论》这篇论文，交皇家学会审查。在这篇论文中，他提出了光的本质是微粒的见解。这就是我们现在所说的"微粒说"。

关于光的本质，在牛顿之前，就有法国物理学家、数学家笛卡儿提出过"微粒说"，即认为光是由发光体所发出的直线传播的弹性微粒流。但他仅仅提出了假说，而不像牛顿那样拿出了实验依据。英国皇家学会的领导人罗伯特·胡克，以及荷兰物理学家、数学家惠更斯则主张"波动说"，认为光是一种依靠媒质来传播的机械波。这两种观点各能解释一部分光的现象，又各有一些现象无法解释。因而长期争论不休，不分胜负。后来物理学家又提出了"电磁说"，认为光的本质是电磁波。1905

年，爱因斯坦首次提出了光量子理论，揭示了光的波粒两重性的本质，至此，人们对光的认识才有了比较完善的结论。

牛顿主张的"微粒说"确实很不完善。但从现代科学的眼光来看，他的观点确有与光量子理论的共通之处。这不能不说是三百多年以前的一科学巨人的敏锐见解。对于这一观点的不完善之处，我们没有理由提出苛求。

从苹果落地到万有引力定律

前面已经谈到，在 1604 年至 1619 年间，德国天文学家开普勒就对丹麦科学家第谷·布拉赫长期观察天体运行而得到的实验资料进行了研究整理，提出了著名的关于行星运动的三大定律。然而，行星为什么要那样运动的道理，则谁也说不清楚。

这个问题，同样占据了牛顿的心灵。在为逃避鼠疫而隐居乡村的期间，牛顿始终没有停止对这个问题的思考。

1666 年秋季的一天傍晚，他来到了自家的后院，坐在苹果树下，脑子里又被天体运动的问题占满了。

空中一丝儿风也没有，夕阳照在红彤彤的苹果上，显得十分美丽。这样的环境，对他考虑科学问题十分有利。

突然，一阵轻风掠过，"噗"的一声，一只熟透了的苹果从树上掉了下来，沉甸甸地砸在地上。接着，又有好几个苹果也先后掉到地面。

这引起了牛顿的注意。他想，苹果为什么不向天上飞去，也不向前后左右下落，而却偏偏垂直地掉到地上呢？这肯定是由于地球对它有吸引力。即使在高空中的物体，它也同样会受到地球的吸引而垂直下落。这说明这种吸引力可以传到很远，并一定会对月球的运动产生作用。

正是从这一推断出发，牛顿在笔记本上画下了左边的这幅图。这幅

牛顿在苹果树下思考……

图的意思是：如果地球上空有一个物体 P，这个物体必然由于受到地球的吸引而垂直落到地球上的 A 点；但如果我们用力把物体 P 向水平方向抛出去，P 必然会沿着一条抛物线的方向落到 B 点或 C 点，这是因为 P 在向水平方向飞去的同时，又受到地球的吸引，使飞行路线成了曲线；如果 P 向水平方向抛掷的力量足够大，它就永远也落不到地球上，而沿着 D、E、

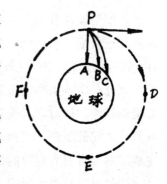

F 各点的轨道作圆周运动，这就是说，P 之所以能作圆周运动，是因为它受到了两个力的同时作用，一个力使它沿圆周切线的方向离开地球，另一个力拉着它向地球的方向下落。这个使它下落的力就是地球对它的吸引力。

假如 P 就是月球，它之所以沿地球作圆周运动，必然也是因为它受到了这两种力的作用。它在永远向地球下落，又永远落不到地面上。

在作出了上述判断以后，牛顿又继续对月球每秒钟向地球下落的距离作了计算。他终于发现，在同一时间内，月球向地球下落的距离是苹果下落的距离的三千五百五十分之一。由此可知，如果把苹果拿到月球上，地球对它的吸引力就会减少到三千五百五十分之一。根据这个关系，牛顿进一步证明，如果距离增加一倍，引力就会变成四分之一；增加两倍，引力就变成九分之一。这就是说，引力的大小，是同地球到月球的距离平方成反比的。

地球同月球之间的这种引力关系，同样也适合于行星绕太阳运动的关系。就这样，牛顿终于对开普勒三大定律作出了数学证明。

令人遗憾的是，这个 24 岁的青年，并没有把这一具有划时代意义的成果及时发表，及至他 45 岁那年，这一成果才公布于世。

关于这个问题，说法多种多样。一说是因为牛顿当年计算引力时，由于地球的半径值尚不准确，因而计算结果与实际测量的数值之间差距

较大，使牛顿没有勇气发表。另一说法是，牛顿因为光学问题同胡克等人曾有过争论，这使他失去了发表论文的兴趣。还有一种说法是，牛顿在 1666 年计算万有引力时，遇到了一个障碍，即不知道地球与月球之间的距离究竟应该从哪里量到哪里。直到 1684 年，他才证明一个球状物体在吸引其他物体时，其全部质量，都集中在它的重心。这就是说，地球和月球之间的距离，可以看作它们重心之间的距离。这以后，他才真正完成了对万有引力定律的证明。

牛顿对万有引力定律，作出了完备的数学表述，即：

$$F = K \cdot \frac{m_1 m_2}{r^2}$$

其中，F 为万有引力，K 是比例常数，m_1 和 m_2 分别为两个物体的质量，为两物体间的距离。

万有引力定律一诞生，立即对科学的发展作出了无可估量的贡献。

首先，牛顿运用万有引力定律，证明了地球是一个在赤道处的半径较长、而两极处半径较短的稍扁平的球体，这与当时欧洲占统治地位的笛卡儿物理学派的观点恰好相反。后来的事实证明，牛顿的观点是对的。

其次，牛顿指出了彗星的运动规律符合万有引力定律。在此之前，人们以为彗星的出没是无规律可循的。彗星的发现者哈雷根据牛顿的论断，对 1682 年出现的彗星进行计算，确认它是 1531 年和 1607 年出现过的同一颗彗星，并预言它将在 1758 年再度出现。法国数学家克雷罗也运用万有引力定律作了推算。他进一步考虑了其他星球对彗星的引力作用而会使彗星偏离原来的轨道的因素，断言彗星的再次出现会稍有推迟。后来的事实证明，这一彗星果然出现在 1759 年 3 月。

更为辉煌的例子是海王星的发展。1843—1845 年，剑桥大学学生亚当斯运用万有引力定律计算天王星的轨道，断言其轨道外面还有另一颗行星。与此同时，法国青年科学家勒威耶也得到了同样的判断。他写信将这一情况告诉了柏林天文台助理员加勒，加勒用望远镜作了观察，果然找到了这颗行星，这就是海王星。以后，人们又根据类似的计算发现了冥王星。这两颗被称之为"铅笔底下发现的行星"，是万有引力定律的正确性的无可辩驳的证明。

站在巨人的肩膀上

牛顿三大发现的基础虽然是在家乡的两年中奠定的，可这些发现的进一步验证、完善和完成却仍然是在剑桥所做的工作。

鼠疫在英国流行了两年，仅伦敦就有七万人死亡。1667 年春，牛顿重返剑桥。1669 年，巴罗教授认为牛顿的造诣和才能都在自己之上，于是毅然辞去了剑桥大学"卢卡斯讲座"的物理数学讲座，把这个位置让给了自己的学生。从那时候起，牛顿便成了一名年轻的教授。以后，牛顿在万有引力定律方面所取得的成功，更使他名声显赫，备受推崇。

而牛顿对于自己却有一个正确的估价。他说："如果我见的要比笛卡儿远一点，那是因为我站在巨人的肩上的缘故。"直至临终之前，他还意味深长地谈了这样的一席话："我不知道在别人看来，我是什么样的人；但在我自己看来，我不过就像是一个在海滨玩耍的小孩，为不时发现比寻常更为光滑的一块卵石或比寻常更为美丽的一片贝壳而沾沾自喜，而对于展现在我面前的真理的海洋，却全然没有发现。"

这些话，常常被后人认为是科学家的谦虚。其实，它在一定意义上也完全反映了事情的本来面貌和人类认识自然的客观规律。

牛顿对科学的贡献是伟大的，甚至可以说是无与伦比的，但他的学术和思想必然只能植根于他所在的那个时代。到了 20 世纪初，爱因斯坦创立了相对论，人们终于发现，牛顿力学体系并非放置四海而皆准的法则，而只能适用于宏观低速运动的情况。换句话说，相对论对牛顿力学作出了革命性的突破。这说明，任何一位伟大的科学家，也不可能发现"浩瀚的真理的海洋"，而只是在逐步逼近这个海洋——尽管牛顿的步子比其他人跨得更大一些。

牛顿的才智是出众的，但他也离不开像巴罗教授这样的"伯乐"的培养和扶持，离不开前人和同时代人所作的出色的工作。正如恩格斯所说，牛顿的成就，应当"特别归功于开普勒和伽利略"。这是明白如昼的道理：如果没有伽利略对摆锤和落体运动的研究，没有开普勒的太阳系行星运动三大定律，牛顿就不可能作出那么辉煌的贡献。

正当牛顿在致力于万有引力的探索时，牛顿的同时代科学家也曾作了很有意义的工作。

1673年，荷兰物理学家惠更斯从研究摆的规律中，已得出关于向心力的定义和公式。这时候，只要他把这一发现与开普勒第三定律（周期定律）结合起来，就可以推导出与万有引力相关的公式。遗憾的是，他没有意识到向心力在这里即是引力的表现。

胡克的工作更进了一步。这位曾经提出弹性定律的科学家，不仅觉察到引力和物体的重力在本质上是相同的，而且还提出过"引力与两中心间距离的平方成反比"的假设。但胡克没有牛顿那样深的数学造诣，他无法证明自己的假设。

英国天文学家勒恩和哈雷把惠更斯的向心力公式同开普勒第三定律结合起来，得出了行星受到的吸引力与它们到太阳的距离成反比的结论，但对沿椭圆形轨道运行的行星受到的吸引力也无法证明。

牛顿比上述科学家跨出了更大的步伐，他成功了。正如法国数学家、力学家约瑟夫·路易斯·拉格朗日所说："牛顿是幸运的，宇宙体系只能被发现一次。"

牛顿的三大发现，几乎每一个发现都出现过一些争论，发生过一些纠缠。这里面也许有科学家个人方面的原因，但却从另一个侧面证明，作过与牛顿类似的工作的确实不止是牛顿一人。

关于微积分的发明权问题，曾经是一场打不清的官司。然而，今天的科学界几乎公认，牛顿和莱布尼茨都是在独立进行各自研究的情况下，而得到同一个成果的，这里不存在"剽窃"问题。

关于光的本质问题，也是长期争论不休的。事实证明，论争的双方不过是各有偏见罢了。

在万有引力的问题上，牛顿也曾被胡克指责为剽窃了他的成果和设想。牛顿恼怒了，也嘲笑胡克的"庸碌"和"无能"。今天，我们也都承认，不管胡克在万有引力研究中有何功绩，但最终用数学方法来证明万有引力定律的是牛顿，而不是其他什么人。

然而，这里面确也有纠缠不清的历史原因。

据说，1684 年 1 月，哈雷和勒恩在证明天体运行的引力与距离平方成反比的问题中碰到了困难，就去请教皇家学会会长胡克。

胡克没有正面回答他们的提问，而只是就这个反比关系是一个重要的原理，一切关于天体运动的定律，都必须从这个原理出发，并以这个原理为基础。

哈雷与勒恩继续追问："您是否能够证明这个原理？"

胡克微微一笑，然后摆出一副会长的架式说："能，当然能！不过，我要等别人的尝试统统归于失败之后，才把自己的证明拿出来。因为只有那时，别人才会赏识我的成功。"其实，胡克当时到底能不能证明这条定律，很值得怀疑。

年轻的哈雷对于胡克的这种高傲狂妄的态度很不满意，便于这年 8 月来到剑桥，把这个问题摆到牛顿面前：假定一个行星受到与它和太阳的距离平方成反比的力的吸引，那么它将沿什么样的轨道运行？

牛顿不加思索地回答："应当是一个椭圆形轨道。"接着，他又告诉哈雷；"我早已对这个问题作过计算了。"

哈雷喜出望外，便恳请牛顿把计算的草稿拿给他看。

牛顿一口答应，当即拉开抽屉找了起来。可他一连翻了几个抽屉，终于没有找到。最后只好请哈雷先回去，待到将草稿找出来以后再给他寄去。

牛顿最终没有找到计算的草稿，只得对这个问题重新作了计算，并在 3 个月后即把计算稿寄给了哈雷。从他如此神速地完成了对万有引力定律的证明来看，似可说明牛顿在此之前确实做过这方面的计算。只是由于他没有及时发表自己的论文，因而才导致了一些人对他的猜疑。但牛顿对万有引力的最早证明究竟在什么时候，至今也很难有一个确切的答案。牛顿的思想是否受到了同行们的直接启发，也难于作出判断。只有一条，即他是站在巨人的肩上来完成自己的发现的，是一确定无疑的事实。这些巨人，除了伽利略、开普勒等前辈人物外，同时代的科学家也应包括在内。

时代的巨著——《原理》

1685 年年初，看过牛顿对万有引力定律的证明草稿的哈雷，再也抑制不住自己内心的激动。他再次来到剑桥，第二次拜访牛顿，劝说牛顿尽快把自己的研究成果写成论文发表。

牛顿被说服了，于是着手成果的整理工作。他打算把这些成果系统地、有条理地组织成一本书。

他以惊人的热情和充沛的精力开始研究和写作，每天一钻进研究室，就很少出来，常常要工作到夜间两三点钟才能休息，有时甚至一直工作到凌晨五六点钟，连吃饭也往往顾不上。

有一天，他头发蓬乱地从研究室出来，兴致勃勃地对女仆说："老太太，今天可得给点好吃的。"

饭菜端上了餐桌。牛顿刚要用餐时，突然想起了一个问题，于是放下刀叉，又回研究室去了。

这时，剑桥的一位教师来拜访他。牛顿的助手说明了刚才发生的事情，并请那位教师稍稍等候。

可是他左等右等，却怎么也不见牛顿出来。助手只得请客人吃饭，边吃边等。直到饭菜全吃光了，仍旧不见牛顿露面。

好几个小时过去了。牛顿再回到餐厅时，那里已经空无一人。面对桌上狼藉的杯盘，他自言自语地说："我刚才是吃完了饭才走的吗？我还以为自己没有吃饭呢……"

就是这种废寝忘食的工作精神，保证了书稿写作速度。这年夏天，他写完了第一卷；第二年春天，第二卷和第三卷也相继完成。在1686年4月的学会例会上，他已经拿出了那本名为《自然哲学的数学原理》的论文集。

所谓的自然哲学，实际上就是物理学。这个题目的意思是，把物理学的现象，用数学规律来加以说明。皇家学会认定这是一部极有价值的著作，决定公开出版。

就在这时，胡克对牛顿发起了攻击。这使得牛顿心灰意冷，本来打算对第二、三两卷进行修改的计划，此时又被搁置下来。

哈雷在中间进行调解。他的热心，再次使牛顿受到感动。牛顿继续完成了修改工作，并在提到引力的平方反比定律时，加上了这样的注释："这个定律，在我国也曾分别被勒恩、胡克、哈雷三位先生发现过。"

牛顿和胡克的矛盾算是解决了，可学会却又拿不出出书的费用。见义勇为的哈雷，决定自己拿出钱来帮助出版这部书。

1687年7月，《自然哲学的数学原理》这部伟大的著作终于问世。这部自然科学的奠基性巨著把地面上物体的运动和太阳系内行星的运动统一在相同的物理定律中，从而完成了人类文明史上第一次自然科学的大综合。

在《原理》一书中，牛顿首先阐述了作为物理学基础的时间、空间、物体质量、力等概念。著名的牛顿运动三定律，即包括在该书阐述动力学原理之中。

第一定律也叫惯性定律：物体在没有外力作用的情况下，将永远保持其静止或匀速直线运动的状态。

第二定律：当物体受到外力作用时，它的加速度与作用力成正比，与物体的质量成反比，加速度的方向与作用力的方向相同。即

$$F=ma$$

其中，F 为作用于物体上的外力，m 为物体的质量，为加速度。

第三定律也称作用力与反作用力定律：两物体间的作用力与反作用力大小相等，方向相反。

运动三定律，可以解释人们日常见到的许多力学现象。它不仅是近代物理的基础，而且被广泛应用于机械、建筑、交通运输等工程技术领域。

《原理》的第三部分，即第一卷，介绍了本书所使用的数学问题，论述了落体运动、振动等物理现象，并对万有引力作了说明。

《原理》的第三部分，即第二卷，阐述了物体在空气或水中受到阻力时的运动情况，并讨论了声、波的性质。

《原理》的第四部分，即第三卷，论述了科学研究的方法，介绍了对木星的卫星、行星的运动及月球的运动的观测结果，并用万有引力定律对此作出了解释。此外，还对潮汐、彗星进行了研究。

《原理》的出版，轰动了欧洲，也轰动了整个世界。本世纪 30 年代初，我国亦正式翻译出版了这一著作，这对我国科学技术人才的培养，产生了无可估量的影响。在该书出版三百周年之际，我国科学界隆重集会，纪念这一巨著的出版。

无产阶级革命导师恩格斯也对牛顿的科学成就给予了高度评价。他在《英国状况·18 世纪》一文中指出："牛顿由于发明了万有引力定律而创立了科学的天文学，由于进行了光的分解而创立了科学的光学，由于创立了二项式定律和无限理论而创立了科学的数学，由于认识了力的本性而创立了科学的力学。"

这对牛顿的一生，是最精辟的概括。

天才与勤奋

《自然哲学的数学原理》赢得了世界性声誉，它的作者牛顿也因此而受到人们的尊敬和崇拜。有人问牛顿："你是用什么方法作出那么多发明发现的呢？"牛顿回答说："我并没有什么方法，只不过对每一件事情，总是花很长时间很热心地去考虑罢了。"

这句话的确道出了事情的真谛。

我们无法否定这位科学巨人的天才。然而他的天才却是建立在勤奋刻苦的基础之上的。小时候的牛顿，就养成了爱思考的习惯；直到进了剑桥以后，这种习惯与对自然规律的探索结合到了一起，就更加表现出一种如醉如痴、出神入化的精神境界。他可以不吃饭，可以不睡觉，可以放弃一切娱乐和休息，却一刻也放不下自己的研究课题。

关于牛顿忘我地从事科学研究的故事，实在多得不胜枚举。

据说有一天，一位朋友到他家去作客。牛顿请客人吃饭。席间，他突然想起自己还藏有一瓶上等葡萄酒，于是一边请客人稍等，一边起身去找那瓶葡萄酒。可是牛顿一走，却半天不见回来。客人感到纳闷，便想去看看牛顿究竟干什么去了。他由客厅向厨房走去，恰好要路过牛顿的实验室旁边。他偶尔向实验室瞥了一眼，只见牛顿正在那里专心致志地做他的实验。原来，就在他动身去找葡萄酒的那一刹那，他脑子里突然想起了一个科学问题，客人和葡萄酒立刻就被忘得一干二净了。

还有一天早晨，牛顿一起床就陷入了对一个复杂问题的沉思。女仆本准备为牛顿煮两个鸡蛋当早点，但又想到自己有一件事要外出一会儿，于是便在锅里烧上水，又把鸡蛋放到了牛顿的旁边的桌子上，然后对他说："待水烧开了，你就把鸡蛋放到锅里去吧。"

牛顿答应了。女仆仍不放心，怕他把鸡蛋煮老了，于是拿了一块怀表，放在鸡蛋的旁边，让他看着表煮。

待女仆从外面回来，只见锅里还在沸沸扬扬地煮着，而两个鸡蛋却原封不动地放在桌子上。

女仆急忙过去一看，只见锅里煮的是那块怀表。

在科学上表现了巨大天才的牛顿，在处理日常生活琐事时却往往闹出笑话。

他家里养过两只猫，一大一小。猫儿进进出出，需要人替它们开门，十分麻烦。牛顿为解决这个问题，便在墙上开了一大一小的两个洞，供猫儿进出之用。

有人问他为什么要开两个洞，牛顿理直气壮地回答说："大猫走大洞，小猫走小洞，这不是很明白的吗！"

"难道小猫不可以走大洞吗？"

经过那人一提醒，牛顿才感到恍然大悟，并连声称赞这个主意聪明绝顶。

牛顿除了科学研究外，对任何事情都漫不经心。他的生活极不规律，不到三十岁就已满头白发，显出了衰老的迹象。他极不注重衣着和外貌，头发蓬乱，如一堆下垂的干草；袜子拖在后脚跟上，似乎从来就没有觉察到。有时遇事要外出，不管去什么场合，他也懒得稍加整理和修饰，丝毫也不会觉得有什么不妥当或不体面的地方。

他的屋子里凌乱不堪，地板上到处摆着实验仪器和用具，桌子上杂乱地堆着书籍和稿纸。除了他自己能找到他所需要的东西外，别人即使想整理也不知从何下手。

因此，很多人认为牛顿脾气古怪，没有一个大学者的风度。事实也确是如此。他心中可以装下整个星球，装下整个太阳系，而却装不下一件体面的服装、一个漂亮的领结。他的天才表现在这里，他的"愚蠢"也表现在这里；他的勤奋表现在这里，他的"懒惰"也表现在这里！

后半生的悲剧

对于牛顿的一生，恩格斯曾有过中肯的评价。他一方面高度颂扬了他在唯物主义法则指导下所取得的伟大科学成就，一方面也批评了他所犯的机械唯物论的错误。牛顿研究自然科学的思想方法，带有浓厚的形而上学色彩。他孤立地、绝对地看待"质量"与"力"，并且企图把一切自然现象都归纳为机械运动，以致被恩格斯谴称为"归纳法的驴子"。正是这种机械唯物论的思想方法，最终把牛顿推入了唯心主义的泥坑。

牛顿出生在一个宗教气氛十分浓厚的家庭里，他的继父和舅舅都是牧师，抚养他长大的外祖母和母亲也都是虔诚的教徒。他们希望牛顿大学毕业后去当牧师。当时的剑桥大学，确实也是以培养牧师为目标的。大学毕业时，照惯例，他应接受神职，但牛顿公开拒绝了。可那并不表明他有无神论的思想，他只是要以对自然哲学的研究来证明上帝的存在。

按照他的这个初衷，后来可以说是竭尽全力了。当他无法解释太阳系为什么是现在这个样子时，他就把"上帝"搬出来了，认为那"只能来自一个全智全能的主宰者的督促和统治"。

他以万有引力的发现而成功地解释了行星运动的向心力，而却无法说明那个本来就有的、并且"继续保持"的离心力的产生原因。于是，他又求助于"上帝"了。他说："没有神力之助，我不知道自然界中还有什么力量竟能促成这种横向的运动。"

就这样，牛顿在科学和神学之间架起了一座桥梁，导致了自己后半生碌碌无为的悲剧。

还在研究万有引力期间，他就对炼金术产生了兴趣，并且为此耗费了大量的时间和精力，终究一无所获。

在完成了《自然哲学的数学原理》一书的写作后，他更是把精力集中在神学研究上，甚至热衷于去考证《圣经》里所谓上帝在七天中创造了世界这一类的神话故事。在他遗留下来的文稿中，有关宗教神学和年代学的著作，竟达150万字之多。

《原理》出版的第二年，英国的威廉三世加冕，继承王位。就在这一年，牛顿以剑桥大学代表身份，当上英国国会议员。1689年1月，他移居伦敦，直至第二年国会解散之后才又返回剑桥。1696年，他由财政大臣推荐，出任造币厂督办，重新到伦敦居住。

在此后的3年中，他为英国的币制改革立下了汗马功劳，因而被提升为造币厂厂长，年薪高达2000英镑。为了更好地应付官场生活，他把外甥女卡扎琳（即他的异父妹妹，安娜的女儿）叫到自己身边，为其料理家务，照顾他的起居饮食。

1699年，也就是他出任造币厂厂长的这一年，他辞去了剑桥大学"卡卢斯讲座"教授的职务，一门心思地搞他的炼金术和神学研究。

1703年，牛顿被选为英国皇家学会会长。以后的24年间，他一直连选连任，直至去世。

1705年，英国女王授给他爵士称号。在所有的自然科学家中，牛顿是获得这一"恩遇"的第一人。

无休无止的炼金术研究，使牛顿的健康受到了严重的损害。80岁以后，他就时常受到肾结石和风痛病的折磨。在炼金过程中，他经常品尝铅、汞、锑等有害金属，以致终于导致慢性金属中毒。在他的实验笔记里，竟有108处记载着他品尝过的各种物质的味道。在牛顿去世250年之后，研究人员还从对他的头发的化验中，找到了过量铅、汞、锑等金属。

1727年3月初，牛顿出席了皇家学会例会以后，病情突然恶化，迫使他不得不卧床休息。

15日，他的精神状况稍有好转，又在脑子里继续筹划自己的工作。

18日，病情急转直下。到了晚上，他便失去了知觉。3月20日拂晓前，这位科学巨人便永远合上了眼睛，终年 85 岁。

他以自己杰出的贡献，获得了国葬礼遇。人们在伦敦安葬着艺术家、学者、政治家、元帅、将军的威斯敏斯特教堂国家公墓为他举行葬礼。

四年之后，人们为他建造了一座雄伟的巴罗克式纪念碑。碑文写道：

伊萨克·牛顿爵士

　　安葬在这里。

他以超乎常人的智力，

　　第一个证明了

　　行星的运动与形状，

　　彗星的轨道与海洋的潮汐。

他孜孜不倦地研究

　　光线的各种不同的折射角，

　　颜色所产生的种种性质。

对于自然、历史和圣经，

　　他是一个勤勉、敏锐而忠实的诠释者。

他以自己的哲学证明了上帝的庄严，

　　并在他的举止中表现了福声的纯朴。

让人类欢呼

　　曾经存在过这样一位

　　伟大的人类之光。

三、实验物理学的奠基人伽利略

从 14 世纪到 16 世纪，是欧洲的文艺复兴时期。随着资本主义生产关系的萌芽和生长，代表新兴资产阶级利益与要求的人文主义思潮迅速发展和传播。这种思潮以反对中世纪的禁欲主义和宗教观为目标，力图摆脱教会对人们思想的束缚，极大地推动了科学技术和文化艺术的进步与繁荣。

意大利是文艺复兴运动的发源地。在这里，除了在文学艺术方面涌现了诸如但丁、薄伽丘、芬奇、拉斐尔、米开朗琪罗等一大批代表人物外，在科学上，也诞生了像哥伦布、布鲁诺、伽利略等一代具有开拓、创新精神的勇士。他们向作为宗教神学和经院哲学基础的一切权威和传统教条挑战，披荆斩棘地开辟着通向真理的道理。

生活在文艺复兴后期的加利列奥·伽利略是一位在物理学、天文学和数学等方面有着杰出贡献的科学家。他主张研究自然界必须进行系统的观察和实验，并且在实验事实的基础上，作出了许多物理学和天文学上的重大发现，打破了古希腊哲学家亚里斯多德的神圣偶像，矛头直接指向了宗教神权。一系列辉煌夺目的科学业绩因此而创立起来，一系列悲欢离合的故事也因此而发生……

叛逆性格的形成

1564 年 2 月 15 日，伽利略出生在意大利西海岸的比萨城。他的祖父原是佛罗伦萨一位颇有名望的医生，家庭有着丰厚的经济收入。可是，到了父亲凡山杜这一代，情况已变得十分糟糕了。凡山杜虽然精通音乐和数学，可这些东西都换不回钱来，不得不依靠作点小买卖来维持全家人的生活。

凡山杜有 7 个子女，伽利略是长子，下边还有两个弟弟和 4 个妹妹。家庭虽穷，可孩子们的童年仍旧是幸福而愉快的。他们常常一起到海边玩耍，一起登上比萨斜塔瞭望远近风光，一起设计和制作各种别出心裁的玩具。

伽利略入学以后，也常以心灵手巧、成绩优异而赢得老师的赞扬。当时的文艺复兴运动，不知不觉地在伽利略的思想上打下了深深的烙印，使他对音乐、绘画都产生了浓厚的兴趣。

后来，他们全家迁移到了文化名城佛罗伦萨。这座文艺复兴运动的中心城市逐渐养成了伽利略保持终生的叛逆性格。他勇于追求真理，决不盲从；敢于向权威挑战，绝不退缩。

到了中学毕业的前夕，父亲开始为他的前途担忧。他思前想后，决定让伽利略去学医，一方面光耀祖辈所开创的事业，一方面可为家庭赢得可观的经济收入。

伽利略服从了父亲的意志，于十七岁那年考入了比萨大学医科专业，可他的兴趣却转移到了数学和物理方面。老师上医学课时，他常常偷偷地看自然科学书籍，有时甚至干脆不进教室。

有一次，比罗教授在讲胚胎学时，介绍了亚里斯多德的一个观点：母亲生男孩或女孩，是由父亲的身体强弱决定的。父亲身体强壮，就生男孩；反之，就生女孩。

这与伽利略所看到的事实并不完全相符。他当场向比罗教授提出质疑，结果受到了教授的训斥和同学们的嘲笑。

人们为什么愿意承认亚里斯多德的看法，而却对事实不屑一顾呢？伽利略对此百思不得其解。于是，他开始用怀疑的目光，审视这位被奉为圣贤的学者的全部学说。

不久，伽利略又用观察的事实和实验推翻了亚里斯多德的另一个结论。

那是他去比萨大教堂做礼拜的时候，发现大厅中央的吊灯被修理工人弄得晃动起来。吊灯的晃动，在空中来回划出一道看不见的圆弧。随着时间的推移，吊灯晃动的幅度越来越小，划出的圆弧越来越短。

这件极为平常的事情竟然引起了伽利略的注意。他用右手按住左腕的脉搏要计算吊灯每晃动一次所需要的时间，结果发现无论摆幅的大小，无论走过的圆弧的长短，吊灯每晃动一次的时间总是一样的。

这与亚里斯多德的结论是不一致的。亚里斯多德说，摆经过一个短弧要比经过一个长弧所用的时间短一些。

究竟是谁犯了错误呢？伽利略开始在房顶上、树枝上做起摆动实验来，并找来了沙漏用以计算每次摆动的时间。经过一次又一次的重复，他终于确信了自己观察到的事实：决定摆的周期的，仅仅是绳子的长度，而与它末端物体的重量及摆动幅度的大小没有关系；一定长度的摆，其摆动周期始终是不变的。

这就是摆的等时性定律，是伽利略所作出的第一个重大发现，也是他的叛逆性格所结出的一个硕果。

后来，伽利略利用摆的等时性原理，制成了脉搏器，用以测定病人脉搏的快慢。又过了几年，荷兰人惠更斯制成了第一座时钟，其原理也是摆的等时性。

失　学

在比萨大学期间，由于一个偶然的机会，伽利略结识了意大利宫廷数学家玛窦·利奇。

那时，利奇跟随托斯坎尼大公爵来比萨游览，并讲授他所深有造诣的几何学。伽利略慕名前往拜访，恰好碰上利奇正在给一些人讲课。他挤进了听课人的行列，深为利奇渊博的学识和严密的逻辑所打动，使他对本来就颇有兴趣的数学更加热爱起来。

他向利奇提出各种各样的问题，征询合乎逻辑的答案。在交谈中，利奇发现眼前的这个青年颇有数学才华，于是将他收为自己的学生。

此后，伽利略便如醉如痴地迷上了数学，而把医学的课程抛在一边。

这使父亲凡山杜大为恼怒。他从自己的切身经历出发，觉得数学不能给人带来温饱，于是竭力阻止自己的儿子向数学方面发展。当他看到自己的努力对儿子不起作用时，便不得不采取断然措施，停止供伽利略继续上大学，让他回到佛罗伦萨来帮助自己开店铺。

伽利略就这样失学了。然而，他那颗热爱数学、热爱科学实验的心仍在剧烈地跳动着。在利奇的指导下，他一方面阅读欧几里德和阿基米德关于数学和物理学的著作，一方面继续研究一些自己所感兴趣的问题。

有一次，他读到了阿基米德解决王冠之谜的故事，深为阿基米德的智慧和才能所感动，但却认为他所使用的方法较为繁琐。此后，他反复阅读了阿基米德关于浮力定律和杠杆原理的论述，研制成一种可以测定各种物质比重的小秤，使解决王冠之谜的方法变得更为简捷。为此，他还撰写了第一篇论文，详细介绍了比重秤的构造和使用方法。

这以后，伽利略又把研究的精力转移到了重力问题上。他发现，各种形状的物体的重量可以看作集中在一个质点上，这就是物体的重心。

重心的位置与物体的形状有关。一个物体要维持平衡，则通过重心所作的垂线必须通过该物体的底部；物体的重心越低，其稳定性越好；重心越高，稳定性越差，容易倾倒。

伽利略把这些研究结果写成了一篇题为《论重力》的论文，并且给出了数学表达式。数学家利奇读到了这篇论文，十分赞赏伽利略的分析表达能力，并立即把论文呈送给托斯坎尼大公爵，还当面诉说了伽利略辍学在家的困境。

大公爵对此表示同情，并愿意给予必要的帮助。他给比萨大学写了一封推荐信，让利奇直接送给学校当局。

比萨大学向伽利略发出了教授聘书。1589 年夏天，伽利略结束了四年的失学，重返比萨大学。当时，他仅有二十五岁。

历史性的实验

回到比萨大学后，伽利略又可以全身心地投入他所热爱的科学实验中了。

他想起了亚里斯多德的"落体运动法则"：落体的速度与重量成正比。这就是说，一个重 10 千克的物体，其下落速度一定是重 1 千克的物体的 10 倍。他觉得这一法则既不符合他平时观察到的现象，也违背了事物的逻辑。假如我们把一个 10 千克的铁球和一个 1 千克的铁球拴在一起，按照亚里斯多德的法则，就会得出相互矛盾的结果：如果把它们当作两个物体，则下落得慢的小球一定会拖住下落得快的大球，使它们下落的速度小于 10 千克铁球的下落速度；如果把它们当作一个物体，则总重量达 11 千克，它们的下落速度应大于 10 千克铁球的下落速度。

毫无疑问，亚里斯多德的法则无法成立。然而，正确的结论又是什么呢？

伽利略决定通过实验来证明。他拿了两个重量不同的铁球，一次又一次使它们从高处同时下落，结果发现它们总是同时落地。

当他把这个结论在校内公布以后，一些保守的教授们则群起而攻之。他们认为，亚里斯多德的结论是不容怀疑和否定的。伽利略竟敢亵渎圣贤，实在胆大妄为。

亚里斯多德本是一名出生于公元前384年的古希腊学者，离伽利略生活的时代有一千九百多年了。他一生留下了许多著作，涉及面非常之广。从哲学上看，他动摇于唯物主义和唯心主义之间。由于时代的限制，他的学说思想鱼龙混杂，本来不足为奇。可到了公元13世纪以后，他的一些唯心主义思想被教会加以利用，成为教条；他本人亦被视作真理的化身，崇拜的偶像。这使他的形象受到了玷污，在文艺复兴时期理所当然地要受到新思潮的冲击。

为了回答顽固派及宗教势力的责难，伽利略决定在比萨斜塔上作一次公开的落体运动实验。他邀请了一些知名学者出席观看实验情况，并贴出布告，公布了自己的实验日期。

1590年的一个晴朗的日子，具有历史意义的落体运动实验开始了。

闻讯而来的群众围聚在比萨斜塔的四周，伽利略带了几名大学生，兴致勃勃地走进斜塔的拱形卷门，沿着楼梯登上塔顶。他们带来了一个10千克和一个1千克的铁球，还带来了用以计时的沙漏。两个铁球被装在一个特制的盒子内。

一切准备停当以后，伽利略向观众们说明了实验的意图，并请大家注意观察。

实验开始了。伽利略举着盒子，一按盒子上的按钮，盒底自动打开，两个铁球同时下落。

观众们屏声静息，目光随着下落的铁球迅速移动着。不一会儿，只听见"咚"的一声，两个铁球竟同时落到了地上。

伽利略又把这样的实验重复了几遍，其结果都是一样：落体的下落速度与它的重量没有关系。

比萨斜塔的实验，宣告了亚里斯多德"落体运动法则"的谬误。

黄金时代

真理战胜了谬误，但并未征服那些宗教保守势力。一些顽固的教授们仍在窥伺时机，准备对伽利略进行报复。

不久，这一时机果然到来了。

比萨有一个名叫乔范尼的人，是一个不学无术的家伙。但他却是比萨大公爵的私生子。乔范尼自视才高，花巨资制造了一艘挖泥船，准备用它去疏通港口，以出风头。进港之前，他假惺惺地去征求伽利略的意见，意在求得他的赞扬。伽利略在看了实物之后，又根据浮力定律和重力理论作了计算，作出了该船由于设计不合理而无法使用的结论。乔范尼哪里听得进这种意见！他坚持让船下水，结果遭到了灭顶之灾。在事实证明了伽利略的意见的正确性之后，乔范尼反而恼羞成怒，到比萨大公爵那里去告伽利略的阴状，说他是"阴险的人"。

那些亚里斯多德的忠实信徒们乘机制造谣言，发起了对伽利略的攻击，一时间闹得满城风雨。

伽利略在比萨大学呆不下去了。他决定辞去教授职务，回到佛罗伦萨。

不久，伽利略的父亲在忧虑和病困中去世，这就进一步把伽利略投入了极度的悲愤和痛苦之中。

幸好，伽利略有一位名叫盖特保的朋友，当时成了颇有名望的侯爵，他向伽利略伸出了救援之手。由于他的推荐，二十八岁的伽利略才得以在威尼斯附近的帕多瓦大学谋取了数学、科学和天文学教授的职位，而且薪俸比在比萨大学增加了 3 倍。从此，伽利略在帕多瓦大学工作了 18

伽利略在比萨斜塔做物体下落实验

年。这是他一生中的黄金时代。

帕多瓦大学是一所新思潮盛行的学校。伽利略的探索精神和超人的才华在这里得到了良好的发挥。

到帕多瓦大学不久，他便结识了贫家女子玛丽娜。两人经过一段时间的恋爱，便结为了夫妻。此后，他们有了第一个女儿赛丽丝和第二个女儿安琪拉，还有一个小儿子。在玛丽娜的照料下，伽利略一门心思地投入了科学研究之中。

首先，他发明了世界上第一支酒精温度计，用来测量病人的体温。

接着，他仍把精力投入了力学研究，并作出了一系列成绩。他发现了物体运动的惯性，还研究了炮弹的运动轨迹，奠定了抛物线理论的基础。最著名的是，他做了物体沿斜面下滑的实验，发现物体在斜面上下滑时，在相等的时间间隔内，它所走过的路程是按奇数 1、3、7、9……的规律增加的。由此，他提出了速度的计算方法，并得出了物体下落的速度与下落的时间成正比的结论。这个结论，是比萨斜塔实验的发展与完善。也正是在这个基础上，他第一次明确地提出了加速度的概念。

目光转向太空

帕多瓦大学的宽松环境，为伽利略的研究工作带来了巨大的活力。就像专门与亚里斯多德作对似的，研究的锋芒又指向了亚里斯多德的"天动说"。

亚里斯多德有一个观点，认为地球是宇宙的中心，是固定不动的，而其他星体，如太阳、月亮等等，则全都在围绕着地球转动。如果说，在早期，这个观点还仅仅是亚里斯多德的一种学术思想的话，那么后来却完全成为教会的一种统治思想了。"地球是宇宙的中心，教皇是地球的中心"似乎成了天经地义的法则。

可是，到了 15 世纪，波兰有一个叫哥白尼的天文学家对此提出了异议。他针锋相对地提出了"地动说"的观点，认为太阳才是静止不动的星球，而地球、金星、火星等星球都在围绕太阳转动。

这还了得！地球的中心地位被否定了，岂不也否定了教皇的中心地位！于是，教会把哥白尼的学说判定为异端邪说，加以禁止。

就在这种情况下，伽利略竟然冲进了这一禁区，开始研究起哥白尼的著作来。经过深入的钻研，他终于完全支持了"地动说"，而对"天动说"采取了否定态度。

正当他的研究工作在顺利进展的时候，600 年从罗马传来了一个令他震惊的消息：宣传哥白尼学说的意大利天文学家布鲁诺，竟被罗马教皇处以极刑，被活活地烧死在罗马的鲜花广场。

慑于教会势力的强大，伽利略不得不把自己的学术观点隐匿起来，而只是在暗地里仍进行着他所醉心的天文学研究。

这时候，为了不致于影响伽利略的研究活动，妻子玛丽娜把孩子们带到乡下居住去了，留下伽利略一人住进了帕多瓦大学的宿舍，由女管家查尔蒂太太照管他的起居。

1604 年的冬天，人们观察到南方的天空中出现了一颗明亮的星星，而到了第二年秋天，这颗星星又神秘地消失了。这件事，在伽利略的心中留下了深刻的印象，也给他带来了许多疑问。他日夜冥思苦想，希望找到一个办法能直接对星体作更清晰的观察。

直到 1609 年，他的眼前才真正透露出实现这个希望的曙光。这年 6 月，一个远道前来拜访的青年给他带来了一个消息：有一个名叫利帕希的荷兰人，把一块凸透镜和一块凹透镜放在一个镜筒里，竟然看到了单凭肉眼所看不到的东西。

这个消息使伽利略受到启发。他决定制造一架望远镜，用来观察遥远的天体。

在查尔蒂太太的儿子安德烈亚的帮助下，伽利略自己动手磨制镜片，终于制成了一架六十厘米长的望远镜。

他把这架望远镜献给了威尼斯市议会。绅士和议员们在威尼斯的钟楼上眺望远在港外的船只，果然看得一清二楚，甚至使远在五十英里之外的物体，看起来也就像在五英里之内那样清晰。

神奇的望远镜受到了议员们的赏识，伽利略因此而被授予帕多瓦大学终身教授的职位，薪俸也增加了一倍。

然而，望远镜的真正意义并不在这里。它的出现，结束了几千年来单凭肉眼观察日月星辰的历史，带来了天文学研究的一次革命，开辟了近代天文学的新时代。

晴阴变幻

伽利略发明的望远镜，在经过不断的改进以后，能把物体放大到三十二倍。他把这架望远镜架在院子里，开始用科学手段来描绘宇宙的新图景。

在晴朗的夜空，他首先把望远镜对准了光洁如玉的明月。"啊，原来月亮并不像人们所说的那样光滑。"伽利略为自己第一次观察到月球上的山脉和洼地而感到惊异。他还发现，月亮本身并不发光，我们所见到的月亮上的光亮来自太阳对它的照射和地球所反射的太阳光。

接着，伽利略又把镜筒对准了银河。亚里斯多德说，银河是水蒸气凝成的白雾。然而，在望远镜下，那条锦带似的银河，根本不是白雾，而是无数颗星星的集合。

此后，他经过几夜的观察，第一次发现了围绕着木星旋转的四颗卫星，并计算出了它们的运行周期。现在我们知道，木星周围有十四颗卫星，伽利略所发现的是其中最大的四颗。

凭着这架望远镜，伽利略还看到了土星的光环和土星的卫星，证实

了金星和水星也有盈亏的说法，得出了
金星和水星也在绕太阳转动的结论。

　　一个又一个的新发现相继问世。伽
利略把这些新发现写成了一本名为《星
际使者》的著作，于 1610 年 3 月在威尼
斯出版，引起了天文学界的震动。

　　就在这一年，伽利略受佛罗伦萨大
公爵科斯摩二世的邀请，回到佛罗伦萨
担任宫廷数学家和哲学家，并且兼任比
萨大学数学教授。

　　朋友们认为这是伽利略的一个错误
决定，纷纷前去劝阻。他们认为佛罗伦
萨是宗教势力的一个堡垒，伽利略的学
术思想一定会遭到禁锢。

伽利略在做天文观察

　　伽利略没有听从朋友们的规劝，还是前往佛罗伦萨任职，并且把自
己所发现的木星的卫星命名为美提契星座，以表达对科斯摩二世的感激
之情。因为科斯摩大公爵是美提契家族的成员。

　　可是，朋友们的话不幸被言中。在佛罗伦萨，伽利略的观点果然受
到了宗教保守势力的顽固抵制。在强大的宗教势力面前，年仅十五岁的
科斯摩大公爵也未能给他以任何支持。

　　在茕茕孑立中，伽利略仍旧热衷于天文学研究。他身边只有女管家
查尔蒂太太和学生安德烈亚，继续给他以支持和帮助。当他把望远镜对
准太阳以后，他竟然观察到了光芒四射的太阳上竟然有一些缓慢移动的
黑点，这就是太阳黑子。正是由于这些黑子的移动，伽利略作出了太阳
也在旋转的结论，修正了哥白尼认为太阳不动的说法。1613 年，他写成
了《关于太阳黑子的信札》，阐述了自己对太阳的观察结果。

　　这时，一场鼠疫开始在佛罗伦萨流行。科斯摩大公爵已经躲避到安

全的地方去了，全城百姓也都纷纷外逃。伽利略在查尔蒂太太和安德烈亚的陪伴下，死守在佛罗伦萨。因为在这个时候，伽利略又陷入了对显微镜的研究。

几个月后，当鼠疫平息时，伽利略和安德烈亚已制成了世界上第一架显微镜。

然而，天空仍然是阴暗的。

"地球确实在转动"

正当伽利略埋头于科学研究的时候，1616 年 3 月 15 日，罗马宗教法庭的一纸传票送到了他的手中。

伽利略愣住了。他虽然对宗教法庭迫害哥白尼、布鲁诺的情况早有了解，但根本没有想到这场祸灾会如此迅速地落到他头上。头年年底，他为了宣传自己的观点，还专程去过罗马。在那里，罗马教会还给过他盛大欢迎。他的发现甚至得到了教会长老、罗马研究院天文学家克拉维奥的承认。怎么才过了几个月，教会便给他来了个突然袭击呢？

善良的伽利略当然不知其中缘由。事实上，罗马和佛罗伦萨的宗教势力、亚里斯多德"天动说"和古希腊天文学家托勒玫"地球中心说"的拥护者们，早就视伽利略为眼中钉，不断地到教会告他的阴状。

面对宗教法庭的警告，伽利略大义凛然，竭力进行申辩。教会根本听不进他的陈述，仍旧命令他不再宣扬哥白尼的学说，并将这一情况记录备案。

回到佛罗伦萨后，伽利略断绝了同外界的一切往来，仍旧默默地把望远镜对准无际的天穹，年复一年地进行观察和记录。这时，妻子已经与他分手，大女儿赛丽丝由于对生活失去了信念，也离父亲而去，到寺院当修女了，只有忠实的查尔蒂太太和她的儿子安德烈亚仍旧陪伴着他。

就这样度过了八年冷寂而孤独的生活，时局才有了新的转机：1623年，罗马教皇驾崩，伽利略科学上的朋友、罗马学院科学家乌尔班八世继位。

希望之火重新在伽利略心中燃起。他把自己多年的研究成果汇集成一本名叫《实验》的小册子，呈给乌尔班八世，以求得到这位新教皇的支持。此后，他又花费了八年的时间，写成了一本新的科学著作——《关于两种世界体系的对话》。

在这部著作中，伽利略故意用一种隐晦的形式来表达自己的学术思想。他假托了萨尔瓦多、辛普里奇、萨格维特三个人物，对天文学中的一系列问题开展了发人深省的辩论。萨尔瓦多是哥白尼的化身，而辛普里奇则是亚里斯多德、托勒玫的代言人。萨格维特则在前两人的辩论中不断提出质疑，以将辩论引向深入。由于采用了这样的表达方式，作者似乎处在一个中立的立场，而并未对某种观点的对错发表意见。然而，事实上，萨尔瓦多这个人物却是作者思想观念的寄托。

1632年春，《关于两种世界体系的对话》在佛罗伦萨出版，立即得到了迅速传播。

在朋友与宗教教义之间，教皇乌尔班八世选择了后者。他把伽利略列入了教会的"黑名单"，并下令禁止《对话》的出售。

1632年10月，宗教法庭再次传讯伽利略，要他去罗马受审。

这时的伽利略已是年近七旬的老人，加上病魔缠身，行动非常不便。虽有许多人为伽利略说情，但教皇仍旧不能通融，甚至说要派武装士兵将他押来罗马。

1633年初，伽利略抱病来到罗马。人类历史上一次骇人听闻的迫害案拉开了序幕。

在法庭上，伽利略受到了一次又一次的审讯。首席法官格鲁利主教甚至出示一纸伪造的伽利略在1916年写的不再宣传哥白尼学说的《保证书》，逼迫伽利略认罪。

面对伽利略的危险处境，许多关心他的朋友都劝他向教皇低头，承认"错误"。伽利略的女儿赛丽丝也从外地赶来，哭诉着要父亲作出忏悔，以保全自己的生命。

一生追求科学真理的伽利略觉得自己问心无愧，没有什么"错误"可言。他在给一位朋友的信中写道："忏悔！要我忏悔什么？难道要我将真理隐藏起来欺骗上帝吗！难道因为我说了实话就应当受到审判！难道仁慈的上帝就喜欢他的孩子在他面前撒谎！"

对伽利略的审讯从2月延续到了7月。始终没有表示忏悔的伽利略被带进了刑讯室，法官们轮番对他进行了持续五十个小时的审讯。在这种严酷的折磨下，伽利略已经精疲力竭，神志恍惚了。他终于被迫当众作了忏悔，表示不再宣传哥白尼的学说。

紧接着，法官宣布了对他的判决："为了处罚你这样严重而有害的错误与罪过，以及为了你今后更加审慎和给他人以警告，我们宣布公开禁止《关于两种世界体系的对话》一书；判处正式把你关入监狱，根据我们的意见，以及使你得救的忏悔，在三年内每周读七个忏悔的圣歌……"

伽利略用颤抖的手在判决书上签了名。他嘴里却在喃喃自语道："地球确实在转动啊！"

悲怆而激越的终曲

就这样，一位为人类作出了杰出贡献的学者，在风烛残年之际，被投入了宗教法庭的监狱。

起初，伽利略被囚禁在罗马附近，后又转送到栖亚拿的大僧家里。这年12月，他获准来到阿塞特，与病中的女儿赛丽丝相聚。

1634年4月，他在世上的唯一亲人赛丽丝离开了人间。此时，他的学生安德烈亚已到国外讲学去了，查尔蒂太太也已去世。只有包括著名

伽利略在狱中

物理学家、大气压力的发现者托里拆利在内的几个学生来到他的身边，同他一起讨论科学问题。他重新鼓起勇气，研究整理自己在力学方面的研究成果，写成了一本名为《两种新科学的对话》的科学著作。这本书所阐述的动力学原理，成为牛顿总结力学三大定律的基础。

书稿完成以后，恰逢安德烈亚回国来看望自己的老师。经伽利略请求，安德烈亚将书稿带到了荷兰，于1638年在荷兰秘密出版。

《两种新科学的对话》出版的时候，伽利略已经由于过度劳累而双目失明。在这种情况下，教会才允许他于1638年夏天回到自己的故乡佛罗伦萨。

在这里，伽利略度过了他一生最后的三年。1642年1月18日凌晨4时，这位伟大的科学家在自己的寓所里溘然长逝。

时光的车轮又飞过了三百多个寒暑。直到 1979 年，伽利略这一震惊世界的冤案才得以昭雪。这年的 11 月 10 日，罗马教皇在公开的集会上正式宣布：1633 年宗教法庭对伽利略的审判是不公正的。第二年 10 月，一个由科学家组成的"伽利略案件审查委员会"在罗马成立，负责对伽利略的学术思想和科学与宗教的关系进行研究和审理。

其实，在人们的心目中，在科学发展史上，伽利略一直没有被打倒过。作为实验物理学的奠基人，作为天体物理的开拓者，作为无畏的科学勇士，伽利略的名字永远是光辉夺目的！

四、场论的创立者法拉第

打开收音机，便可收听到电台的广播；揿动电视机开关，便可看到电视台播放的节目。这在今天，已经是人们司空见惯的事情了。可在一百六十年前，即使是一位杰出的科学幻想小说作家，也绝对构想不出如此离奇的情节。这是可以理解的，因为在那个时代，作为这些科技成果的实验依据和理论基础还没有建立呢！

只是到了19世纪30年代，英国科学家迈克尔·法拉第发现了电磁感应现象，并进而创立了场的理论之后，电磁波才成为科学家们的探索对象，世界的面貌才发生了日新月异的变化，电气化时代的曙光才逐渐照亮了整个人类！

喝水不忘掘井人。今天，当我们享受着电气化时代科技文明的时候，我们决不应当忘记法拉第的丰功伟绩，决不应当忘记他的奋斗精神和无私无畏、谦虚谨慎的伟大品格。

铁匠的儿子

迈克尔·法拉第出生在英国伦敦南郊萨里郡纽英镇的一个铁匠家庭，时间是1791年9月22日。

当时的英国，正处在工业革命的兴盛时期，机声隆隆，财源滚滚。

然而，对于穷铁匠詹姆斯·法拉第来说，却并没有享受到新兴工业的恩惠。在约克郡一个偏僻的乡村里，他仍然只能靠出卖体力和技能维持着贫穷的生活。

二十五岁那年，他和一个有着爱尔兰血统的农村姑娘结了婚。这对新婚夫妇决心改变自己的命运，毅然从乡下搬迁到伦敦郊区的纽英镇，希望能凭着那双灵巧有力的手，在工业革命的潮流中开辟一条新的生路。然而，事情并不顺利。在那儿，妻子玛格丽特接连生下了一个儿子和一个女儿，家里却穷得连生火的劈柴也买不起。待到迈克尔·法拉第来到人世时，一双铁匠的手几乎养活不了这个五口之家了。

迈克尔五岁那年，詹姆斯一家又怀着新的希望从郊外搬到了伦敦城里，在曼彻斯特广场附近的一个马车库上边的几间破房子里安了家。

这次搬迁同样没有给他们带来好运。詹姆斯的第四个孩子的降生，给铁匠的肩膀增加了新的负担，也给迈克尔带来了一个照看妹妹的新任务。

更为不幸的是，詹姆斯的身体越来越不行了。他常常闹病，三天两头病倒。铁匠活不能再干了，铁匠铺子也关门了。因为付不起房租，他们又只好搬到了一个更便宜的地方去住，依靠向慈善机关领取救济粮来维持全家的生活。

那个时候，迈克尔·法拉第正在上小学。全家所能领到的一个星期的救济粮——一个面包，实际上还不够他一人一天的食物。可迈克尔是个懂事的孩子，总是尽量把自己分到的那一片面包让给妹妹吃。

为了使全家人不致于饿死，妈妈便到有钱人家去打短工。哥哥罗伯特长到十三岁后，也分担了一部分家庭的重担，继承父业，到一家铁匠铺当了学徒。

全家人在死亡线上挣扎了几年之后，迈克尔也长到十三岁了。他虽然小学尚未毕业，但也决心自谋生路。

父亲看到孩子那瘦弱的身子，想起自己一生的悲惨命运，说什么也不让迈克尔再去当铁匠。父亲经过思虑，把迈克尔送到了布兰福德街的一家书籍装帧铺子里当了学徒。

铺子里的生活是清苦的，可店铺老板里波先生却是个和蔼可亲的人。更使迈克尔感到满意的是，他在装订书籍的同时，还可以从书中学到很多新的知识。起初，他不敢在工作的时间看书，但有时的确抗拒不了书中内容的吸引，也不免要偷偷地看上几眼。

有一次，迈克尔正对一本书的内容着了迷的时候，突然听到背后有脚步声。他回头一看，见里波先生已站在他的跟前，不禁窘得满脸通红。然而，里波先生不仅没有责备他，反而笑眯眯地对他说："读吧，爱读什么就尽管读。别的订书匠只管书籍的外表，而你却知道了书里的内容，这有什么不好呢！"

迈克尔就这样走上了自学的道路。在里波先生的店铺里，他读到了《大英百科全书》，也读到了玛西特夫人所著的《化学漫谈》。为了重复这些书中所讲的实验，他到药房拣来一些小瓶子，又花钱买来一些便宜药品，自己设计和制造了一个起电机和贮电瓶。从此以后，每天晚上一下工，他就钻进自己的小阁楼里，饶有兴味地独自作那些放电、贮电的实验。夜深人静的时候，邻居们早已进入梦乡，只有他那间烛光摇曳的房间里，还不时传出噼噼啪啪的响声……

1810 年年初的一天，迈克尔·法拉第去给一个顾客送书的途中，突然看到了一张自然哲学演讲的广告。主讲人是市哲学会的创始人塔特姆先生，每次收费为一先令。迈克尔一遍一遍地读着这张广告，心里暖洋洋的，可当他下意识地摸了摸自己的口袋时，却发现那里空空如也，一文没有。

他垂头丧气地回到了自己的小阁楼，待到星期天回家的时候，他把这件事情告诉了哥哥罗伯特。

罗伯特看到弟弟那神采飞扬的样子，便问："你听过塔特姆先生几次演讲了？"

"没有。"迈克尔的脸红了，"因为每次听讲要交一先令。"

哥哥了解弟弟的兴趣，也知道弟弟的贫困，于是从自己口袋中掏出了一先令的银币，交到迈克尔手里，对他说："去吧，迈克尔，我有钱。"

迈克尔虽然知道哥哥的钱也来之不易，但还是接过来了，因为那个自然哲学的演讲的确对他太有吸引力了。

那天晚上，他坐在演讲厅前排的正中，热切地听着，认真地记录着塔特姆所讲的每一句话，并把塔特姆所做的实验全都画了下来。

提起他画图的本领，则是他从一个名叫马克里埃的法国流亡画家那儿学来的。这位画家就住在里波先生的楼上，是迈克尔的邻居。迈克尔主动要求跟马克里埃学画画，作为交换条件，他答应给这位画家擦鞋皮和收拾房间。

法拉第听完演讲回到小阁楼时，已经很晚了，可他一点也不觉得疲乏。他坐到桌前，又把自己的笔记整理和誊抄了一遍。

从1810年2月至1811年9月，法拉第一共听了塔特姆先生十几次演讲。他把整理过的笔记装订成一本《塔特姆自然哲学演讲录》，作为礼物奉献给关心和支持过自己的里波先生。

初识戴维

法拉第还在店铺当学徒的时候，比他年长十三岁的戴维早已是名闻世界的大化学家了。他在皇家学院主持的化学演讲，使无数的听众为之倾倒。

戴维出生在英格兰的彭赞斯，父亲是个木雕艺人，兼营一个小农场。在戴维十多岁的时候，父亲就去世了，靠母亲开磨坊养活五个未成年的孩子，生活十分拮据。

十六岁的戴维便当了学徒，师傅是个药剂师。在那里，他依靠自学对化学发生了兴趣，并在光和热的研究中发表了自己独特的见解。以后，他又因发现了"笑气"的镇痛作用而名声大震，二十二岁就被介绍到皇家学院主持化学讲座，第二年被任命为皇家学院的化学教授，二十四岁又当选为英国皇家学会会员。他在氯气方面的研究成果和发现钠和钾的杰出贡献，使他赢得了国际声誉。

1812年初春的一天，皇家学院的当斯先生来到里波的店铺里装订书籍，突然向法拉第提出一个问题："你愿意去皇家学院听戴维的化学演讲吗？"

当斯先生是这个店铺里的常客，对法拉第的勤奋好学精神早就有所了解。尤其在不久前从里波先生那儿看到法拉第整理的《塔特姆自然哲学演讲录》以后，他对法拉第就更加佩服了，并有意要把他引入科学的殿堂。

这对法拉第来说，的确是一个天赐良机。戴维的名声和演讲的精彩，他早就有所耳闻。但戴维却站在一个高不可攀的地位，他怎么能奢望去聆听他的演讲呢！如今，当斯先生居然把四张入场券一古脑儿塞给了他，他岂有不去的道理！

2月29日，那个期待已久的夜晚终于来到了。迈克尔·法拉第早早来到了皇家学院的大门口，希望能坐到一个好的听讲位置。

大门打开了，法拉第迫不及待地来到了演讲大厅。当年轻的戴维风度翩翩地出现在讲台上时，座无虚席的大厅里立即爆发出一阵热烈的掌声。

像听塔特姆的演讲一样，法拉第一面屏声静息地倾听，一面匆忙地在笔记本上写着、画着……

时间过得真快，一小时的演讲在法拉第兴致正浓时嘎然而止。要不是还有第二次、第三次、第四次演讲在等待着他，法拉第真舍不得就这样离开这温馨的大厅。

4月8日，戴维获得了政府授予的贵族称号，成为了亨弗利·戴维爵士。第二天，即是他演讲的日子。这一次，他演讲的题目是《金属》，实际上就是讲述他所发现的钠和钾两种金属的性能。当这个题目讲完以后，他又出人意料地谈起了科学、文艺的进步与国家经济的关系。

知情人已经明白，这是戴维向公众所作的最后一次演讲，作为向听众的告别和谢忱，他才没有立即终止自己的讲座，而谈了一些题外话。

这个消息是千真万确的。戴维虽然没有当众公布，但他却已把不再演讲的决定通知了皇家学会会长兼皇家学院院长约瑟夫·班克斯爵士。因为4月11日，即是戴维爵士的新婚佳期。婚后，他就要带着自己娇小而妩媚的妻子到苏格兰去度蜜月。

戴维这一走，法拉第又回到了布兰福德街的铺子里。1812年10月，他学徒期满，成了法拉第师傅，并到了法国人所开的一家书籍装帧铺去工作。

然而，这时的法拉第已无法安心自己的工作了。他向往科学；而不愿意在装装订订的单调劳动中耗费自己的生命。

他想请求戴维给他以帮助，可戴维却又不在伦敦。在无路可走的情况下，他给皇家学会会长兼皇家学院院长的约瑟夫·班克斯爵士写了一封求职信，请求他允许自己到皇家学院去工作——不论干什么都行。

他亲自把这封信送到了艾伯马街二十一号的爵士住宅。可这封信却如石沉大海，永无回音。

好不容易挨到了这年的12月，他才得知戴维回到了伦敦的消息。然而此时，戴维已经在一次实验中因爆炸事故而受了重伤。在急切的求职心情的驱使下，法拉第还是给戴维写了一封言辞恳切的信，并附上了自己记录整理的《亨·戴维爵士演讲录》。

戴维在医院的病床上读完了法拉第的信和那本长达三百八十六页的《演讲录》，内心大受感动。联想到自己的卑微出身和奋斗历程，他不免对法拉第产生了一种同情感。

就在圣诞节的前一天晚上，戴维给法拉第写了一封回信。

先生：

　　承蒙寄来大作，读后不胜愉快。它展示了你巨大的热情、记忆力和专心致志的精神。最近我不得不离开伦敦，到一月底才回来。到那时我将在你方便的时候见你。

　　我很乐意为你效劳。我希望这是我力所能及的事。

　　先生，我是你顺从、谦恭的仆人。

亨·戴维

戴维并未食言。1813年1月，他约见了法拉第，并许诺今后把皇家学会、皇家学院的书都交给他来装订。

"不，先生。"法拉第回答道，"我对装书不感兴趣，而希望到皇家学院来工作——做什么都可以。"

"你是想献身于科学吗？"

法拉第点了点头。

"年轻人，你也许弄错了。牛顿说过，'科学是个很厉害的女主人，对于为她献身的人，只给予很少的报酬。'你看，我为她效劳了十几年，她却给了我这样的报赏。"戴维一边说着，一边把自己手上、脸上的伤痕指给法拉第看。

法拉第进一步申述了自己献身科学的想法，他向戴维表示：他不怕危险，也不管工资高低，因为科学工作是为了追求真理，科学家都有高尚的道德情操。

最后，戴维不得不许诺龙拉第，等到皇家学院有了空缺的名额，他就可以优先考虑他的请求。

这年3月1日，戴维辞退了自己原来的助手，而录用了法拉第。条件是周薪二十五先令，外加皇家学院顶楼上的两间住房。

欧洲游历的苦乐

法拉第在戴维的实验室工作了半年多以后，戴维决定带他到欧洲去作一番游历。

同行的还有戴维夫人和一名听差。对于美丽的戴维夫人来说，这次游历的确是她进入欧洲上流社会的大好时机，也是她向那些达官、名人显示自己美貌、威严的最好机会。她出生在苏格兰一个富商家庭，曾和一个贵族的儿子结婚，可却很快成了寡妇。如今，她又成了闻名世界的戴维爵士的夫人，当然很是荣耀而尊贵。

欧洲之行，对法拉第来说，当然也是一件愉快的事情。在那里，他不仅可以遍赏欧洲风光名胜，而且有机会向欧洲的许多著名科学家学到新的东西。

按照他们这次的出游路线，法国便是第一站。然而，当时英、法两国正处于交战状态，拿破仑正在肆意迫害英国在法国的侨民。只是出于对戴维这个世界名人的特殊照顾，拿破仑才批准了他们访问巴黎的计划。可那个听差却害怕受到拿破仑的迫害，说什么也不肯去了。

"法拉第先生，这真是没办法的事啊！"戴维对法拉第说，"只好请你临时帮个忙了，兼做一点听差的工作。到了巴黎，我会另找一个听差的。"

事到如今，法拉第只好勉强接受。

1813 年 10 月 13 日，戴维一行三人上路。经过了十多天的水陆旅途，他们于 10 月 29 日抵达巴黎。

漫漫旅途，带给了法拉第无限的欢乐。此时的法拉第已是一个二十三岁的青年人，可他在此之前从未离开过伦敦十二英里以上。这次远游，他饱览了大海、高山、丘陵、平原、森林、草原的旖旎风光，内心充满了兴奋和激动。他一路走着，一路作着仔细观察，并把自己的见闻和感受随时记录下来。在巴黎，他参观了卢浮宫，为那举世无双的艺术珍品所陶醉；他逛过市内的商店，对那里的人情世态有所体察；他也路遇过拿破仑，对这位皇帝的"威风"稍有领略……

最叫他高兴的是，在远离家乡的巴黎，不仅见到了一批法国科学家，而且还有机会作为戴维的助手从事一些科学研究工作。

11月23日，法国物理学家安培教授和另外两名化学家一起来拜访戴维。他们带来了一种紫黑色的物质，请求戴维帮助鉴别。这种物质是在两年前由法国化学家库尔瓦图从海藻中提炼出来的，但却谁也说不清它是一种什么东西。戴维在法拉第的帮助下，对这种物质进行了系统的分析与研究，终于确定它是一种新元素。戴维把这种元素命名为"碘"。

这以后，戴维立即给法国生物学家居维叶写了一封信，宣布了自己的这一发现。紧接着，戴维又把实验研究结果写成了一篇报告，寄回了伦敦皇家学会。

这件事引起了法国人的不满，认为戴维不应当独享发现碘的荣誉。在这种情况下，戴维一行不得不于12月29日离开巴黎，越过阿尔卑斯山，向意大利进发。

1814年2月21日，他们抵达意大利的都灵。接着又到了地中海边的热那亚。3月10日，他们来到了佛罗伦萨。在那里，他们参观了伽利略创立的科学院和伽利略亲手制作的望远镜，试验了托斯卡纳大公巨大的凸透镜。他们用这个凸透镜聚集的太阳光点燃了一颗罩在玻璃罩中的金刚钻。他们发现，当这颗金刚钻烧完以后，玻璃罩中的氧气竟然变成了二氧化碳气体。这就证明，金刚钻就是碳。戴维又将这一发现写成了论文，寄给了皇家学会。

4月，他们抵达罗马。在那里，法拉第参观了万神庙、斗兽场等古迹。5月，他们又来到那不勒斯，目睹了维苏威火山的壮丽景观。

接着，戴维一行去瑞士和德国南部旅行，然后经威尼斯、米兰返回罗马。途中，他们会见了年近古稀的电学先驱伏打伯爵。这位曾以发明"伏打电池"而闻名的科学家也以见到了自己的后继者而感到高兴。

这次旅途中，一些不愉快的事情也时时使法拉第揪心。那个爱出风头的戴维夫人常常在法拉第面前摆出一副主人架式。一会指使他擦皮鞋，一会指使他掸衣服，完全把法拉第当作自己的仆人。平时吃饭的时候，法拉第总是被安排在侍女和车夫的桌子上。

对于这一切，法拉第心中虽然极为不满，但想到戴维的面子，也只好一再忍耐。一路上，戴维没有能找到一个合适的听差来替代他，他也可以谅解。

然而，这种忍耐总是有个限度。在瑞士的日内瓦，那座隐伏着的愤怒的火山终于被一件事情点着了。

那天，戴维爵士要出去打猎，让法拉第背着猎枪跟在后头。作为主人的化学家德拉里弗原以为法拉第是戴维的听差，可在途中的攀谈中了解到了法拉第的身世以后，却感到大为不平。回到家里，他吩咐佣人在戴维的餐桌上多摆一份刀叉，要让法拉第与他们同桌吃饭。戴维夫人知道后死活不干，并且以不吃饭相威胁。在无可奈何的情况下，主人不得不为法拉第单独准备一份饭菜。

从此，心理上的隔阂爆发出公开的冲突。欧洲之游在历时一年多之后，终于在 1815 年 4 月在一种不欢快的气氛中结束。

绝妙的电磁转动实验

从意大利回到皇家学院，法拉第担任了"实验室助手兼矿物标本管理员兼仪器设备总管"的职务。薪水虽然有所增加，但工作的担子却十分沉重。他既是戴维的助手，又是皇家学院担任化学讲座的布兰德教授的助手，从做实验、写研究报告到洗瓶子、吹玻璃管等事情都落在他一个人身上。

1816 年，法拉第分析了戴维从托斯卡诺带回来的一种石灰，写出了实验报告，发表在布兰德主编的《科学季刊》上。这是这个二十五岁的青年人所发表的第一篇科学论文。第二年，他又发表了六篇论文，第三年，就有十一篇之多了。这说明法拉第已经具备了独立开展科研工作的能力。

1818 年，法拉第受托于一位刀片制造商，开始研究优质合金钢的生产方法，他为此走访了许多工厂，参观了许多矿山。

1821 年 5 月，法拉第被提升为皇家学院事务主任。按照规定，事务主任有了携带家眷的权利。这年 6 月 12 日，法拉第和一个名叫萨拉的姑娘结为终身伴侣，并在皇家学院安了家。

萨拉是银匠巴纳德的女儿。法拉第一家和巴纳德一家都是桑德曼教会的信徒。他们在教堂里相识，并结下了深厚友谊。

就在举行结婚仪式那天，由于实验室里出了一些问题，法拉第便撇下萨拉，在实验室忙了整整一个下午。

婚后，他们也没有时间去度蜜月。因为法拉第手头有许多工作要做。他已经不知不觉地加入了一场新的科学竞赛之中。

1820 年 7 月，丹麦物理学家奥斯特发表了一篇关于电流和磁的关系的文章，轰动了整个世界。他在这一年发现了通电流的导线能使磁针偏转的现象，从而把电和磁联系到了一起，为电磁学的发展带来了新的希望。

各国科学家都紧张地投入了工作，力图在这个问题上作出新突破。戴维自然不甘落后，他一方面与法拉第一起重复奥斯特的实验，一方面计划开展新的研究工作。

然而，在这场竞争中，法国科学家们已经捷足先登。1820 年 9 月，安培发现了两根平行的通电导线之间也存在着相互作用力。过了一个多月，安培的同胞、物理学家比奥和萨伐尔又找到了奥斯特实验中使磁针偏转的偏转力的大小和方向。他们的研究结果后来被称之为比奥—萨伐尔定律。紧接着，安培在进一步研究的基础上，也找到了电流之间相互作用力的方向和大小，这就是所谓的安培公式。

戴维显然落后了，而且几乎落到了望尘莫及的地步。1920年6月，班克斯去世。戴维继任了他的皇家学会会长职务。在学术地位上，他可算登峰造极了，可在电磁研究的竞争中，他却永远也到达不了制高点。

1921年4月的一天，皇家学院理事沃拉斯顿教授来找戴维，向他报告了一个新的实验构想：在两个金属碗中夹一根通电导线，然后用一根磁棒接近导线，导线定会绕着自己的轴线转动。他们一边说着，一边动手来做这个实验，但却始终没有成功。

待到法拉第来到这个实验室的时候，戴维和沃拉斯顿已在垂头丧气地分析着实验失败的原因。法拉第仔细听着，一句话也没有说，他觉得自己的思路很乱，一时理不出头绪来。

这以后，他花了几个月的时间认真阅读和整理自己所找到了的有关电与磁的全部研究资料，写成了一篇《电磁研究的历史概况》的报告。在这个基础上，他开始自己动手做实验了。

从奥斯特的实验出发，法拉第发现，如果通电导线的周围有许多磁针，这些磁针就会形成首尾相接的一个圆圈。这一现象使他想到：原来存在一种使磁针围着导线旋转的力量。那么，根据作用力与反作用力的关系，导线也必然存在绕磁针旋转的力量。这是公转，而不是沃拉斯顿所设想的导线的自转。

在想通了这一道理以后，法拉第设计了一个绝妙的实验装置：在一个玻璃缸的中央立一根磁棒，缸内倒入水银，刚好露出磁极。然后用一根导线扎在一块软木上，让软木浮在水银面上。导线下端通过水银接到伏打电池的一个极上，导线上端则用一根极软的铜线接到伏打电池的另一个极上。这样，软木上的导线就会通过水银和软铜线及与水银相连的下端导线而形成一个闭合回路。

装置做成了，萨拉的哥哥乔治刚好也来到了实验室。法拉第接通了电源，一个意料中的现象果然发生了：那块软木在导线的带动下，开始在水银面上移动了。它在水银面上的"航线"恰好就是绕着磁极所画出的一个圆圈！

"成功了，成功了！"法拉第和乔治高兴得手舞足蹈。法拉第看了看日历，时间为 1821 年 9 月 3 日。

这是科学史上一个永远值得纪念的日子。那不仅因电磁转动现象是法拉第的一个伟大发现，而且因为这一简单的装置实际上是世界上第一台电动机。后来的电动机只不过是采用了由更多的导线绕成的线圈，并在更强的磁场中运动，因而产生了更大的力量罢了。

偶像的破碎

电磁转动实验的成功，使法拉第感到无限欣喜。他把实验结果写成了一篇研究报告，寄给了《科学季刊》，然后偕妻子到布赖顿海滨度假去了。

10 月，他们回到伦敦。出乎意料的是，随着那篇研究报告的发表，一股流言已在伦敦的科学界传得满城风雨了："法拉第剽窃了沃拉斯顿的研究成果"。

这话从何说起呢？法拉第真是百思不得其解。沃拉斯顿的失败了的实验是叫通电导线在磁力作用下绕着自己的轴线自转，而他成功了的实验是叫通电导线绕着磁极作公转。这两种实验，不但方法、技巧和仪器完全不同，而且连理论解释也不一样。

然而，谁会听他的解释呢？他觉得自己的人格遭到了玷污，必须竭力予以洗刷。在无可奈何的情况下，他只好给沃拉斯顿本人写信，恳切

希望与他能面谈一次。

沃拉斯顿是个开朗、大度的科学家，对外边的流言从来也未引起重视。现在，法拉第找来了，沃拉斯顿认为有必要给这个被伤害者一些安慰，于是立即给法拉第写了回信，约他第二天上午在家中见面。

这次谈话以后，法拉第深信流言不是从沃拉斯顿那儿散布出来的。然而，是谁散布了这样的流言呢？沃拉斯顿的实验只有包括沃拉斯顿本人以及戴维和法拉第在内的三个人知道。排除了沃拉斯顿和法拉第，流言的散布者就只能是戴维了。

法拉第不敢这样想，也不愿意这样想。戴维是他的老师，是他的恩人，也是一位享誉世界的科学家，怎么可能干这种卑鄙勾当呢！

然而，事情也有不可回答的另一面：戴维作为皇家学会会长、沃拉斯顿实验的知情人，面对这样的流言，自然有必要出面加以澄清。但戴维没有这样做，而却保持了沉默。

为什么，到底为什么？善良的法拉第没有想到，作为贵族的戴维，已经不是十年前那位正直、热情的科学家了。他对法拉第的成功已经产生了一种妒嫉的情绪。

在流言的重压下，法拉第继续从事着自己的研究工作。在1821年圣诞节那天，他又做成了一个新的电磁转动实验：让一根通电导线在地球产生的磁场里转动。此后，他又回过头去研究化学问题——合金钢、玻璃、氯气……

1823年年初，戴维有事离开了伦敦，法拉第就开始研究氯水的晶体成分，并得到了一些结果。戴维从外地回来后，问起法拉第的研究情况，法拉第一一作了汇报。

戴维听完后，留下了一句话："你把这氯水的晶体放在密闭的试管里加热试试看。"

说完，戴维就走了。他并未向法拉第解释作这一实验的目的和结果。

法拉第还是照办了。他发现氯水晶体受热后蒸腾出一缕缕黄绿色的气体——氯水分解成氯气了。

此时，帕里斯教授正要去戴维爵士家参加晚宴，由于时间尚早，因而顺便转到实验室来了。他看了看法拉第正在进行的实验，突然嚷了起来："法拉第先生，你的试管不干净，你看，试管的上端有几个黄色的油斑！"

法拉第一看，果真如此。他洗刷的试管从来都是干净的，今天是怎么回事呢？于是，他拿起钢锉，在试管有油污的地方锉了两道痕迹，准备进一步弄清那油污究竟是什么东西。没想到，不小心把试管碰裂了，一股刺鼻的氯气冲了出来，定眼再看试管时，那油污早就无影无踪了，试管壁上干干净净。

帕里斯教授十分惊讶，带着这个疑问去戴维家作客去了。

就在戴维和帕里斯的晚宴还未结束时，仍在实验室忙碌的法拉第已经找到答案了：原来是气态的氯在高压下在温度较低的试管上端凝聚成了液态的氯。这无疑是找到了气体液化的新方法。

第二天，法拉第又在戴维在场的情况下，做了其他几种气体的液化试验。

法拉第把自己的实验研究结果写成了一篇《论液态氯》的论文，于3月13日在皇家学会作了宣读。可是，这篇论文在送戴维审阅时，戴维在论文的开头和结尾都加上了自己的注解，强调这一研究是由他发起的，并说明实验的结果早在他的预想之中，连其他的气体的液化也在他的预想之中了。

戴维就这样轻巧地夺走了法拉第的研究成果！

法拉第的朋友们对法拉第的贡献和委屈却看得清清楚楚。他们联络了二十九名皇家学会的会员，联名提议法拉第当皇家学会会员候选人。在提议书上带头签名的，恰恰就是那个被法拉第"剽窃"了成果的沃拉斯顿。

戴维得知这一消息，勃然大怒。他找到法拉第，要他撤回皇家学会会员候选人资格证书。

"享弗利爵士",法拉第一边作着实验,一边尽量用平静的语言回答说,"我既没有提议自己当皇家学会会员候选人,也没有呈交什么证书,有什么可撤回的呢?"

"那就请你转告那些提名你当候选人的皇家学会会员,请他们撤回对你的推荐。"戴维说。

"据我所知,他们不会这样做的。"

"那好,我作为皇家学会的会长,就亲自来撤销你的候选人资格!"戴维说完,怒气冲冲地扬长而去。

长期以来,戴维一直是法拉第崇拜的偶像。虽然他曾对戴维的行为有许多不满之处,但对他的崇敬的感情一直没有消失。如今,这个偶像终于在积累了很多裂痕的情况下猛然破碎了。他不能再忍耐了,不得不把自己研究电磁转动的历史作了一番回顾,写成文章公之于世。

真相终于大白,一些原以为法拉第真有"剽窃"行为的人也纷纷倒向了法拉第一边。

戴维虽然一再拖延皇家学会会员的选举时间,但终于未能撤销法拉第作为候选人的资格。1824 年 1 月 8 日,皇家学会举行选举,法拉第当选了,仅有一票反对。这一张反对票虽然没有公开,但大家都知道它是谁投的。

此后,法拉第又对氯气的液化进行了一番历史的考证,发现早在1805—1806 年间,就有一个英国化学家诺思莫成功地做过氯气液化的试验。这一考证结果一发表,所谓戴维第一个发明氯气液化的神话也就破灭了。

在这场争吵中,戴维算是彻底失败了。从此,戴维的身体一天不如一天,过早地显出了衰老的迹象。他开始反悔了,觉得自己对法拉第失去了公道。作为这种反悔的补偿,他于 1825 年 2 月 7 日任命法拉第担任了皇家学院实验室主任。

1826 年底，戴维瘫痪了。第二年，他辞去皇家学会会长职务，到欧洲大陆去休养。1828 年 5 月 29 日，他在日内瓦逝世。

当戴维在瑞士养病的时候，有人曾经问他："您一生中最伟大的发现是什么？"

戴维绝口不谈自己在化学研究中的伟大贡献，而只是意味深长地回答说："我最伟大的发现是一个人，是法拉第！"

从电磁感应的发现到场论的创立

从 1821 年至 1831 年的整整十年间，法拉第几乎没有从事电磁学研究。许多工业家不断给他送来新产品，请他帮助鉴定，生产中遇到了技术难题，也要请他帮助解决。就这样，法拉第研究起合金钢和光学玻璃来了，并从这些研究中得到了优厚的报酬。

然而，法拉第的心里却一直惦念着电磁学的研究工作。他对那种商业性的差使逐渐厌倦了，决心回到电磁的研究中来。

自从他发现电可以转化成磁之后，他心中就一直存在一个逆命题：磁是否也能转化为电呢？

1831 年 8 月 29 日，法拉第作了一个成功的实验。他用一个铁环，在上面绕上 A、B 两组线圈；在 A 边接上伏打电池，通上电流，B 边就可以感应出电流来。这就是所谓的"伏打电感应"。

对于这个实验，法拉第并不满意。这是因为 B 边感应电流的产生，只发生在 A 边接通电源或切断电源的那一瞬间，A 边的电流一稳定，B 边的电流立即消失。而且，即使 B 边能感应出稳定的电流，那也不过是把 A 边的电流转变成 B 边的电流，这与他把磁变成电的想法还相去甚远。

法拉第那副爱思考的头脑立即提出了这样的问题：为什么一定要在 A 边接通电流或切断电流的瞬间才能在 B 边感应出电流呢？为什么当 A

边的电流稳定后，B 边的感应电流就消失了呢？答案只能是一个：产生感应电流的条件是磁的变化。在线圈 A 接通或切断电流时，铁环中的磁发生了变化，线圈 B 才有感应电流；A 边电流稳定后，铁环的磁也稳定了，这时 B 边就没有感应电流。

既是这样，就一定可以用磁铁来产生磁的变化，以感应出电流来。这才是真正将磁变成电呢！于是他又设计了一个新的实验：在硬纸管上绕上线圈，并把线圈与电流计接通，然后使一根磁棒猛然插入纸管，电流计的指针果然摆动了一下；再把磁棒猛然抽回，电流计的指针又反方向摆动了一下。

成功了！磁真的变成了电！

那是 1831 年 10 月 17 日的实验结果。

在这个实验的基础上，他又进一步设计了一个更为巧妙的实验装置：用一个圆铜片来代替线圈，并从圆铜片的轴心和边缘分别引出两根导线来，接在电流计上，然后使这个圆铜片在一块马蹄形磁铁中始终向一个方向转动，这样就可以在导线中产生稳定的单向电流。

皇家学会恰有一块足够大的马蹄形磁铁，可此时却被皇家军事学院的克里斯蒂教授借走了。

10 月 28 日，法拉第来到皇家军事学院，利用那块大磁铁作了自己设想的实验。电流计上果然指示了恒定的电流。电磁感应实验宣布了最后的成功。

那个磁生电的实验装置，实际上是世界上第一台"发电机"，而这以前所作成的"伏打电感应"，则孕育了变压器的诞生。有了发电机和变压器，才有了后来的电气化时代，因此有人把 1831 年称为电气时代纪元一年。

这以后，法拉第继续埋头于实验室的工作，先后证明了不同形态的电的同一性；发现了两条电解定律，打开了电化学的大门，揭示了电与化学亲和力的关系；在研究伏打电池的基础上，发明了测量电压的电压计……

　　然而，他一生最伟大的成就，在于对场的理论的创立。这一理论，是他对牛顿力学体系的一个重大突破，为以后的物理学带来了革命性的影响。

　　牛顿力学体系是建立在"绝对空间"的基础之上的。所谓"绝对空间"，就是除了粒子以外什么也没有的空间，没有粒子的地方是一无所有的"真空"，在这个空间里所发生的一切力学现象，与这个空间是毫不相干的。后来，库仑和比奥、萨伐尔、安培等科学家又把电磁学纳入了牛顿力学的范畴，成功地提出了与牛顿万有引力定律相类似的计算电荷之间和电流之间作用力的库仑定律和安培－比奥－萨伐尔定律。这就使牛顿力学达到了登峰造极的完美程度。

　　法拉第发现了电磁感应现象以后，对牛顿的"绝对空间"概念和安培等人以牛顿力学为模板所建立起来的电动力学产生了怀疑。他认为电和磁之间的作用不可能是那种与空间无关的超距作用，而是通过分布在空间中的"力线"来进行的。这种"力线"是一种实在的东西。由磁体所产生的"力线"叫作"磁力线"，布满"磁力线"的空间叫做"磁场"；由带电物体产生的"力线"叫"电力线"，布满"电力线"的空间叫做"电场"。万有引力、电荷力、磁力都是借助于"场"以一定速度传播的。

　　他的这一科学思想遭到了许多人的非议。有人说"场"是虚假的，有人则诘问场力传播的速度有多大。

　　由于法拉第的数学基础较差，他无法回答反对派的诘问，但却深信"场"的存在，深信场力的传播需要时间，决非超距作用。为了把这些问题留给后人去作进一步的探索，他于1832年3月12日写了一份文件，题目叫"新观点"，存放在皇家学会。

　　恰好在法拉第发现电磁感应现象、进而提出场论的1831年，进一步探索和完善场的理论的科学家已经在苏格兰的首府爱丁堡诞生了。这位科学家就是麦克斯韦。

伟大的人格

法拉第继续日以继夜地从事着实验研究工作。过度紧张的生活节奏损害了他的健康。他感到头晕、健忘、浑身乏力。为了恢复体力，1841年夏天，他带着萨拉及萨拉的兄弟乔治夫妇一起到瑞士去休假。回到伦敦后，他用实验证明了电荷守恒。接着，他又拾起了气体液化的研究课题，取得了许多研究成果。

从1845年开始，他再度回到自己最感兴趣的电磁研究中来，开始了对电磁与光的关系的探索。这年9月，他发现了磁场能使重玻璃中的线偏振光的偏振而发生旋转。这就是所谓的"磁致旋光效应"（后被称做"法拉第效应"）。这一发现，使电磁和光发生了联系，因而有力地支持了法拉第提出的"自然界的各种'力'都是统一的"的新观点。这年11月，他又发现了物质的抗磁性。进一步实验研究的结果，使他得出结论：自然界只有少数物质有顺磁性，多数物质则有抗磁性。在这些发现的基础上，法拉第于1846年预言了光的本质：光的辐射是一种在力线中所作的高级振动。这一预言，终于由英国物理学家麦克斯韦和德国物理学家赫兹分别于1865年和1888年从理论和实验中加以证实。

法拉第一生为了探索电、磁、光的关系，曾经作了一万多次实验。这些实验的情况他都作了真实的记录。从1839年至1855年，他汇集了自己的部分实验报告，分别出版了三卷《电学实验研究》。那是一部凝聚着他的毕生精力和心血的巨著，对培养后一代的科学家曾经产生了无可估量的影响。

鉴于法拉第在电磁感应方面的研究成果，牛津大学曾授予他名誉博士学位，皇家学会授予他科普莱奖。磁致旋光效应和抗磁性的发现，又使他获得了伦福德奖章和皇家奖章。奖状、奖章、名誉学位、荣誉证书从国内外的大学、学会和科学院接踵而来。他把这些荣誉证书统统装进一个盒子里。盒子外面却由他自己写下了这样的一段文字：

> 在这些成绩记录和重要事件当中，我谨记下一件事情的日子。作为荣誉和幸福的源泉，这件事情的重要性远远超过其他事情——我们是在 1821 年 6 月 12 日结婚的。

法拉第的确将荣誉和财物视若浮云。

就在他拒绝为企业提供商业性服务以后，他的经济每况愈下。几个热心的朋友于 1835 年给首相罗伯特·皮尔爵士送上呈文，建议政府给法拉第颁发特别年金。

可是，在年金尚未批下来之前，保守党内阁便倒台了，由自由党人梅尔本勋爵担任了新首相。朋友们希望法拉第去拜访梅尔本，以争取这笔年金。法拉第执意不从，他认为自己完全可以养活自己，用不着什么年金。后在岳父巴纳德先生的一再劝导下，他才勉强于 10 月 26 日去见首相。

这时，首相正坐在自己的办公室里面对保守党所留下的一大堆文件发牢骚。他把法拉第当作前首相所赏识的人，心怀不满，当着面说了一通很不客气的话："给文化界、科学界人士发放什么年金，完全是胡来！"

法拉第一听，转身便走。当天晚上，他前往首相官邸，留下了一张名片和一封信：

爵勋阁下：

> 承蒙勋爵阁下约我今天下午谈话。听了阁下对于近来给科学工作者发放年金的意见，我谨表示谢绝勋爵阁下的好意；因为从勋爵阁下手中接受年金，恐怕不能使我自己满意；它虽然具有嘉奖的形式，实际上却具有您阁下那么有力地赋予的性质。

此事传扬开去，保守党借此大作文章。梅尔本勋爵有被搞臭、甚至被轰下台的危险。为了平息风波，首相不得不决定授予法拉第年金。然而法拉第却提出了一个接受年金的条件，要首相向他书面道歉。堂堂大英帝国的首相只能照办，给法拉第写了一封道歉信。圣诞节前夕，政府宣布授予法拉第三百镑年金，以表彰他对科学事业的杰出贡献。

此后，官方又准备授予他爵士称号，但遭到了法拉第拒绝。他说："法拉第教授出身平民，不想变成贵族。"

1857年，英国皇家学会会长罗特斯利勋爵辞职。皇家学会学术委员会希望法拉第出任会长。虽经多次劝说，但仍为法拉第所拒绝。过了几年，皇家学院院长诺森伯兰公爵去世，人们希望法拉第继任院长职务，又同样遭到拒绝。他还是那句话："我是个普通人，到死都是个普普通通的迈克尔·法拉第。"

为了表示对法拉第的尊重和感激之情。1858年，英国维多利亚女王决定把伦敦高等住宅区的一所房子赠给法拉第。法拉第接受了这一馈赠，与萨拉一起搬出了皇家学院的住所，在那漂亮的新屋中安度自己的晚年，继续从事着研究工作。

然而，他终于老了，记忆力衰退严重。1865年，他辞去了皇家学院的职务和其他一切社会兼职，开始走自己生命历程中的最后一段路。

1867年8月25日，法拉第安坐在女王赠给他的住所的椅子上，静悄悄地离开了人世。

按照他的遗愿，人们只为他举行了简单的葬礼。他的灵柩被安葬在海格特公墓，墓碑上只有最简单的三行大字：

迈克尔·法拉第
生于1791年9月22日
殁于1867年8月25日

五、建立电磁理论大厦的麦克斯韦

1887年的一天，德国青年物理学家海因里希·赫兹把自己关在一间房子里。门窗都有帘子挡得严严实实，一丝儿光也不透，屋内漆黑一团。

桌上摆着一个能放电的莱顿瓶，离莱顿瓶数米以外的地方则放着一个电磁波接收器——两个用环形粗铜线联接着的金属小球。

实验开始了。黑暗中，莱顿瓶放出了耀眼的电火花。奇迹发生了：接收器的两个小金属球之间也跳过一个蓝色的小火花。赫兹怀着无限激动的心情把这个实验重复了一遍又一遍，结论终于确定无疑了：莱顿瓶放电时的能量以波的形式传播到了空间，并被接收器收到了。这就是电磁波！

这个人类第一次找到电磁波的实验具有划时代的意义。而作为这一

麦克斯韦

实验的理论大厦，却是由一位英国物理学家詹姆斯·克拉克·麦克斯韦在1865年建立起来的。当赫兹以实验手段证明了电磁波的存在时，麦克斯韦离开人世已经八年了。麦克斯韦电磁理论的光芒，这时才开始照亮整个世界。

麦克斯韦的一生是踏着法拉第的足迹前进的。他在法拉第实验研究的基础上，对电磁理论作了进一步的总结、概括和提高，天才地预见了电磁波的存在，为人类文明作出了不朽的贡献。然而，他短暂的一生却经历了无数的坎坷，受到了无穷的嘲弄……

爱提问题的孩子

1831年11月13日，刚好在法拉第发现电磁感应以后不久，詹姆斯·克拉克·麦克斯韦出生在苏格兰首府爱丁堡。

这个家庭是苏格兰的一个名门望族，祖上曾有过政治家、军事家、学者、诗人。父亲约翰·克拉克·麦克斯韦是一名律师。由于有固定的财产收入，所以他很少从事律师事务，而把主要精力放在对科学技术的业余爱好上。他不仅热心于建筑设计、服装剪裁，而且还是出入于爱丁堡皇家学会的常客。

约翰先生希望自己的独生子成为一个"未来的探索者"，于是对他倍加疼爱，刻意培养。孩子刚满月，父母就把他带到了离爱丁堡不远的格伦莱庄园居住。

詹姆斯果然健壮地成长起来了。他成了一个天真活泼、招人喜爱的孩子。在他三岁的时候，他家的保姆给他一块又光又亮的圆铁片玩。他用这块铁片把太阳光反射到屋内的墙上，并把这个游戏叫做"捉住太阳"。

更大一些的詹姆斯，对大自然的神奇常常感到迷惑不解。他常常提出一些问题向大人们询求答案。比如琴弦为什么会发声呀，苹果的颜色为什么是红的呀，肥皂泡为什么五颜六色呀，人的眼睛为什么能看出各种颜色呀，等等。这些问题虽然常常使得大人们瞠目结舌，无以对答，但却激起了詹姆斯探索大自然奥秘的决心和勇气。

1839年12月，詹姆斯刚满八岁，母亲一病不起，很快就离开了人间。从此，照料孩子的任务就落到了父亲一个人身上。第二年春天，詹姆斯的姨妈珍妮来到了格伦莱庄园，也担负了一部分照料詹姆斯的任务。这位姨妈自己没有孩子，完全把詹姆斯当作自己的儿子一样疼爱。

夏天，格伦莱庄园又多了一个名叫吉米玛的女孩。吉米玛比詹姆斯大八岁，是约翰先生姐姐的女儿，也就是詹姆斯的姑表姐。吉米玛很喜爱自己的这个表弟，常常带着他一起作各种科学游戏。他们在一个圆盘上画上一连串动作变化的猴子，盘子一转，猴子就跳动起来。还有一个被詹姆斯称作"池塘里的孩子"的游戏，圆盘上画的是一只蝌蚪变成青蛙的过程。当盘子转动时，可看见一只小蝌蚪从卵里孵出来，然后长出四条腿，尾巴脱掉了，成了一只活蹦乱跳的青蛙。

约翰先生发现了詹姆斯有追求科学知识的热情，便请了一位学过大学课程的小伙子来当家庭教师。没想到这位家庭教师完全不能胜任这一工作，很快就被约翰先生辞退了。

1841年11月，父亲将刚满十岁的詹姆斯送到了爱丁堡中学，想让他在那里接受正规教育。没想到事与愿违。他所穿的父亲为他设计和制作的服装和皮鞋，竟引起了同学们的讪笑；他说话时的那浓重的乡土口音也被同学们瞧不起。他成了一只随便受人欺侮的"丑小鸭"，性格变得逐渐孤僻起来。

只有每个周末才是詹姆斯最愉快的时候。那时，父亲来城里的姑妈家，常带他去参观博物馆，或到郊外去旅行。

1842年春季的一天，父亲又带他来到了爱丁堡皇家学会参观。在那里，詹姆斯见到了法拉第发明的世界上第一台电磁感应发电机。这个神奇的装置，引发了少年詹姆斯探索电磁奥秘的激情。从此，法拉第成了他心目中的英雄，对于电磁现象的研究便成了他终生追求的目标。

第一篇数学论文

　　1844年秋天，爱丁堡中学传出了一条出人意料的新闻：数学和诗歌两个科目竞赛的一等奖，竟被一个人获得，而这个人却是平时被大家瞧不起的詹姆斯·克拉克·麦克斯韦。

　　这一胜利，立即改变了麦克斯韦在班内的地位。老师的赞扬，同学的羡慕，一齐向他涌了过来。作为对儿子的奖励，约翰先生还决定定期带他去参加爱丁堡皇家学会的活动。

　　当时的爱丁堡皇家学会有科学和文学艺术两个分会。麦克斯韦作为一位科学爱好者，也常常去听一些文学艺术方面的讲座，尤其是有一位名叫海伊的画家的演讲，很使麦克斯韦听得入迷。

　　有一次，麦克斯韦约了表姐吉米玛一道去听海伊演讲。这位海伊先生竟在一块画布上钉了几根钉子，然后又把一根细绳系在一根钉子上，细绳的另一端则捆着一支铅笔。他握住铅笔一挥胳膊，画布上就出现了一个圆圈。接着，海伊又把另一根细绳的两端分别系在两根钉子上，绳子的中间则松松地下垂着。他用一支铅笔沿着绳子的内沿移动，画布上出现的则是一个椭圆。而且随着这根绳子的长短不同，画布上出现的椭圆的大小胖瘦也各不一样。画家把这些椭圆涂上各种颜色，一件美术作品就算完成了。

　　"这算什么美术！"吉米玛对海伊先生的这种表演很不满意。

　　麦克斯韦虽然也不欣赏这样的作品，但对海伊这种作图方法却很有兴趣。回到姑妈家里，他也模仿海伊的方法，一遍又一遍地画着椭圆。他在实践中发现，如果不像海伊先生那样改变绳子的长短，只是改变两个钉子之间的距离，则同样可以画出许多胖瘦不同的椭圆来；如果两个钉子重合到一点，则椭圆就变成了一个正圆。

姑妈看了麦克斯韦的这些画，指着其中一个椭圆说："这画得真像一个大鸡蛋啊!"

"不，妈妈。"在一旁的吉米玛解释说，"鸡蛋是一头大一头小的，而椭圆两头是一样大。"

吉米玛的话使麦克斯韦陷入了沉思：能不能用钉子和绳子画出鸡蛋形曲线来呢?

为此，他开始了新的探索。一次又一次的失败，终于使他明白，这个问题并不那么容易。有时候，他突然想到一种新思路，可是一试，还是发现此路不通。

寒假的一天，表姐吉米玛带他去爱丁堡歌剧院听交响乐。他看着乐队指挥手中那根在空中舞动的小棒，脑子里又思考起那个画蛋形曲线的问题来了。他觉得眼前突然闪过一道亮光，又一个新的思路清晰地显现出来。

音乐会一散场，他就急急忙忙向家里奔去。一回到家，他便在墙上钉了两根钉子。然后，他把绳子的一端系在左边的钉子上，绳子的另一端则绕过右边的钉子系住一支红铅笔。当铅笔沿着两根钉子之间的绳子内沿移动时，墙上果然出现了一个鸡蛋形的图形。

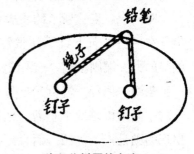

海伊作椭圆的方法

梦寐以求的愿望终于实现了。他进一步分析了蛋形曲线的规律，根据自己已经掌握的数学知识，推算出了这种曲线的数学表达式。这个表达式，比圆形和椭圆形曲线的表达式要复杂得多。此后，他又把蛋形曲线的公式与物理学家得出的光的曲面折射公式进行比较，竟发现二者完全一样。

麦克斯韦把自己的这些研究成果写成了
一篇论文，交给父亲审读。父亲又把论文送
给海伊先生看。海伊感到甚为吃惊，又建议
把论文送到爱丁堡大学鉴定。

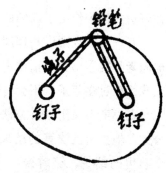

麦克斯韦画蛋形曲线的方法

　　爱丁堡大学的福布施教授读过论文后，
其吃惊程度不亚于海伊先生。他确认论文的
内容正确无误，而且很有科学价值。但他很
难相信这篇深奥的论文竟出自于一个年仅十
四岁的中学生之手。

　　一连几天，福布施教授翻遍了各种数学期刊和书籍，均未找到类似
的论文。凭着教授广博的知识，他最后在法国数学家笛卡儿两百年前的
一篇著作中发现了对各种曲线的分析，其中也提到了蛋形曲线。麦克斯
韦的结论虽然与笛卡儿的一致，但两人的分析方法却各不相同，而且麦
克斯韦画蛋形曲线的方法比笛卡儿要简单、直观得多。

　　1846 年 4 月的一天，爱丁堡皇家学会专门组织了一次数学学术报告
会，宣读了麦克斯韦撰写的《关于蛋形曲线及多焦点曲线的绘制》的论
文。皇家学会为此授予麦克斯韦一枚数学金质奖章。不过，这篇论文又
在《爱丁堡皇家学会学报》上发表。从此，麦克斯韦获得了"少年数学
家"的称号。

从爱丁堡到剑桥

　　1847 年 9 月，麦克斯韦从中学毕业，考入了爱丁堡大学，专攻数学
物理。

　　在这里，麦克斯韦除了继续保持对数学的兴趣以外，还对许多物理
现象进行了初步探索。他研究了化学电池、光的颜色和特性等问题，并

在解析几何中作出了新的研究成果。

有一次，老师讲物理课。麦克斯韦发现老师所写的一个公式有错误。他向老师提了出来，请他进一步查对。老师不以为然地回答说："这个公式我已教过多年了，不会有错。"

麦克斯韦又用三种方法对公式作了反复验算，并推演出了一个正确公式。他把自己演算的结果交给老师，再次请他核对。老师仍不相信这个学生的结论，笑着说："如果你的结论是对的，我就叫它麦克斯韦公式！"

但这位老师的确错了。他所讲授的公式只在一定条件下成立，条件一变，这个公式就不适用；而麦克斯韦推导的公式却有更大的普遍性。老师发现这个问题后，立即在第二天的课堂上作了纠正。

麦克斯韦在数学方面的进步更快。1849年2月19日，他又在爱丁堡皇家学会上宣读了一篇数学论文。这篇题为《滚动曲线的理论》的论文，研究了运动着的曲线的轨迹。文中讨论了几十种复杂的滚动曲线，列出了三十多种曲线的方程式。这篇论文同样发表在《爱丁堡皇家学会学报》上。

福布施教授很为这个年轻人的成绩而感到高兴。他觉得麦克斯韦是一个大有前途的学生，应该在名师的指导下继续深造。

福布施找到约翰先生，建议他把麦克斯韦送到剑桥大学去学习。

约翰接受了这一建议。1850年10月，麦克斯韦来到了剑桥大学彼得堂学院，随后又转入特锐力苦学院。

到校不久，麦克斯韦就制订了一个考奖学金的计划。他想取得奖学金，倒不是因为家庭不能支付他上学的费用，而是因为获得奖学金的学生可以选修比较深的课程。

为了实现这个计划，他每天凌晨两点就起床，先围着宿舍跑两圈，以驱除睡意，振奋精神，然后再到大厅的灯光下去攻读，直到天快亮时才重新回到宿舍去睡觉。他觉得，在这静悄悄的下半夜，学习效率特别高。

可是，他这种夜间跑步的做法却引起了同学们的不满。在遭到从宿舍窗户里飞来的皮鞋、扫帚的袭击之后，他不得不将跑步改为用凉水冲头，仍旧坚持夜间攻读的习惯。

经过几个月的刻苦努力，他终于在第二年春天考上了数学奖学金。

由于奖学金获得者都在同一餐桌进餐，麦克斯韦得以结识了一批优秀的青年朋友，布特瑞就是其中的一个。

布特瑞是剑桥大学学生组织"使徒社"的成员。"使徒社"这个名称出自于《圣经》，因为耶稣只有十二个门徒，"使徒社"也规定以十二人为限，每个年级只有最优秀的一两名学生有幸可以参加进来。因此，有人把它称作剑桥的"小皇家学会"。

布特瑞对麦克斯韦的才华十分欣赏。几个月后，经他介绍，麦克斯韦也成了"使徒社"的成员。每逢周六，十二名才气横溢的年轻人汇聚一起，天南海北地讨论着各种他们所感兴趣的问题。一个人的新思想可能会给其他人带来启发，一条不同的意见也可能引起激烈的争论。每逢这样的场合，麦克斯韦丰富的想象力、闪电般的思维常常使大家感到吃惊。与此同时，麦克斯韦的缺点也表现得非常充分：他知识面虽然很广，但所读的书籍却没有系统性；他思维虽然敏捷，但说话却带有跳跃性，犹如天马行空，完全不管听众的反应。

有一天，麦克斯韦从学校图书馆借了一本高深的数学著作，回到宿舍就埋头于阅读和摘抄。

突然，有人敲门了，进来的是剑桥著名的数学教授霍波金斯。他也去图书馆借阅这本书，不巧这本书已被麦克斯韦借走，因而寻上门来。

霍波金斯很佩服这个学生的钻研精神，但面对他那乱糟糟的房间，不免摇着头说："年轻人，如果不讲秩序，那就永远也成不了数学物理学家。"

从这一天起，霍波金斯主动担当了指导麦克斯韦的任务。他把麦克斯韦推荐到学校的尖子班去学习，并时常通过言传身教对麦克斯韦产生影响。

历来的数学家分为两派：一派以古希腊数学家毕达哥拉斯为鼻祖，崇尚抽象数学，把数学看作纯粹的符号；另一派以法国数学家、解析几何的创始人笛卡儿为代表，主张把数学当作研究客观世界的工具。霍波金斯崇尚笛卡儿派的主张，并要求自己的学生把数学和实际科学问题结合起来。这对麦克斯韦以后用数学工具去研究电磁理论产生了深远的影响。

接过法拉第的接力棒

1854 年 1 月，麦克斯韦以第二名的成绩从剑桥毕业。此后，他留校工作，开始了对光学色彩理论的研究。

这年的圣诞节，他回到格伦莱庄园探望生病的父亲。他在照料父亲的同时，对自己近来研究色彩理论的成果作了一番总结，写成了题为《彩色实验和眼睛视觉》的论文，并在爱丁堡皇家学会上宣读。皇家学会为此授予了他一枚金质奖章。

然而，他这方面的研究未能继续下去。那是因为他从格伦莱回到剑桥以后，立即读到了法拉第的《电学实验研究》。这本著作对他的吸引力实在太大了。它用充满力线的场取代牛顿的绝对空间，用力在场中以波的形式和有限速度传播取代牛顿的超距作用，实在是一种非同凡响的见解。

麦克斯韦想起了在中学时代就参观过的法拉第所发明的第一台电磁感应发电机，如今在十多年后又进一步了解了法拉第的科学思想，对这位科学巨人的崇拜感情和探索电磁奥秘的兴趣不禁油然而生。

然而，当他读完全书之后，他却注意到了这样一个事实：厚厚的三卷《电学实验研究》中，竟找不到一条数学公式，书中的某些表达方式，也有不够严格的地方。唯其如此，麦克斯韦才更加迫切地感到应当接过法拉第的接力棒，把这一理论继续向前推进。

经过一年的潜心研究，二十四岁的麦克斯韦发表了第一篇关于电磁理论的论文《法拉第的力线》。1855 年 12 月 10 日，他在剑桥哲学协会的会议上宣读了这篇论文，引起了热烈的反响。

其实，这篇论文不过是麦克斯韦涉足于电磁理论的一个开端。在论文中，他充分发挥了自己的数学才能，把法拉第关于电流周围存在磁力线的思想，成功地概括为一个数学方程，从而使法拉第的学说第一次有了定量的表述形式。法拉第的物理直觉能力和麦克斯韦的数学分析技巧的有机结合，充分预示了电磁理论的发展前景。无论是法拉第学说的支持者还是反对者，此时惊异地发现：一位电磁学的青年斗士，正踏着法拉第的足迹，以不可阻挡的锐气向前冲刺。

麦克斯韦把论文寄给了伦敦的法拉第，希望得到这位科学大师的指教。不久，他果然收到了法拉第的回信。在回信中，法拉第对麦克斯韦的工作给予了充分的肯定和赞扬。从此以后，麦克斯韦就把自己的命运紧紧地拴在法拉第的战车上了。

然而，事有不巧。正当麦克斯韦打算在电磁领域一展身手的时候，家乡传来了父亲病重的消息。他不得不放弃手中的研究工作，于 1856 年 3 月回到了爱丁堡（父亲为了治病方便已从格伦莱来到爱丁堡），日夜守护在情深似海的父亲身边。

辞去了剑桥的工作，将何去何从呢？此时，恰好位于苏格兰北部的海港城市阿伯丁有一所马锐斯凯尔学院空缺了一个自然哲学的讲席，院方有意让麦克斯韦担任。可就在这年 4 月 3 日，父亲终于撒手人寰，与世长辞了。悲痛万分的麦克斯韦久久没有回过神来，直到初冬才去马锐斯凯尔学院任教。

他在阿伯丁的三年多时间内，事实证明他不是一个优秀的教师。他说话太快，又缺乏条理性，使学生难以跟上。他把主要精力转到了科学研究上，选定了土星光环运动作为研究课题。

这是一个由剑桥大学圣约翰学院于 1855 年悬赏研究的题目。可是两年过去了，人们仍旧未能搞清土星光环的形成及其运动特点。麦克斯韦经过严密的分析和数学计算，终于写成了一篇长达六十八页的论文——《土星的光环》。在这篇论文中，他用动力学的方法，论证了土星的光环是由无数离散的质点构成的。这一结论，使他获得了圣约翰学院的那笔奖金。直到三十八年之后，美国一位天文学家终于用观测证实了麦克斯韦的结论。

不仅如此，由于在土星光环的研究过程中遇到了气体动力学的问题，麦克斯韦还用统计方法，探讨了气体分子运动速度的分布规律。他的这一成果，后来被称之为"麦克斯韦速度分布律"。

在阿伯丁的另一个收获是，他结识了马锐斯凯尔学院院长的女儿凯塞琳·玛丽，并与她结成终身伴侣，时间是 1858 年春天。

麦克斯韦方程的建立

恶运似乎仍在跟随着麦克斯韦。1860 年，马锐斯凯尔学院与阿伯丁的皇家学院合并，两家学院的自然哲学讲座只能保留一个教席，麦克斯韦被裁减了。他向母校爱丁堡大学申请自然哲学讲席，不料他的另外两位同学也在竞选这一职位。爱丁堡大学经过口试，以"口头表达能力欠佳，难以胜任教学工作"为由，淘汰了麦克斯韦。

当失业的危险威胁着麦克斯韦的时候，他不得不给法拉第写了一封信，诉说自己的苦恼。法拉第很快将他推荐到自己曾工作了几十年的伦敦皇家学院去任教。

这年初夏，麦克斯韦夫妇来到了伦敦。对麦克斯韦来说，这是一次具有决定意义的行程。在阿伯丁工作的几年中，他不得不中断了对电磁学的研究，然而他心里一直怀着极大的遗憾。如今有机会到法拉第的身边去工作，则意味着他又可以重新投入到这项研究中来了。

一到伦敦，麦克斯韦就迫不及待地去拜会法拉第。不巧，这位老人已到英国女王送给他的汉普登别墅休假去了。待到盛夏过去，麦克斯韦再次前往拜访，才真正实现了自己的宿愿。

这时候，法拉第已经六十九岁了，而麦克斯韦还是一个不满二十九岁的年轻人。科学上的共同事业，早已使他们成了忘年之交。老人和蔼地对这个后生说："我不认为自己的学说一定是真理，但你是真正理解它的人。"在谈到《法拉第的力线》一文时，老人又给了该文的作者以热情的赞扬和殷切的鼓励。他说："这是一篇出色的文章。但你不能停留在用数学来解释我的观点上，而应当突破它！"

法拉第和麦克斯韦的这次会见，在物理学发展史上具有象征意义。它意味着实验和理论的结合，意味着电磁学理论向新的高度的飞跃。

这以后，麦克斯韦又重新捧起了《电学实验研究》这本著作，准备到里面去寻求智慧和力量。在这年夏末，他们夫妇回格伦莱庄园度假时，麦克斯韦还随身携带着《电学实验研究》和其他电磁学资料。

没想到，在一次骑马外出散步时，麦克斯韦竟被摔成重伤。伤口发炎，出现了并发症——天花。在这生死攸关的时刻，他的妻子凯塞琳整天陪伴着他，对他进行精心护理，终于从死神手中夺回了麦克斯韦的生命。

病愈回到伦敦皇家学院，麦克斯韦更加感到了时间的紧迫。他日以继夜地工作着，桌上的手稿越堆越高，手稿上画满了各种草图，写满了密密麻麻的演算公式。

经过一年的埋头工作，麦克斯韦建立了电磁理论模型，并且引入了"位移电流"的概念，即假设变化的电场具有电流的某些性质，称之为位移电流。在这个模型的基础上，他又开始了实验研究。1861年10月的一

麦克斯韦拜会法拉第

天，他在实验室悬挂了两个通电的线圈，仔细地测量了这两个线圈间的吸引力。然后，他又测量了两个带静电的金属盘之间的吸引力。利用这两个参数，他算出了位移电流的传递速度为每秒 193088 英里（相当于310740 千米）。这个速度，竟与不久前一位科学家所测定的光速每秒193118 英里（相当于 314858 千米）非常接近！

根据自己的理论和实验研究成果，麦克斯韦很快写出了《论物体的力线》的论文，并于 1862 年发表在英国《哲学杂志》四卷二十三期上。

这是一篇具有划时代意义的论文。它与七年前所发表的第一篇电磁学论文《法拉第的力线》相比，已经有了质的飞跃。论文已不再是对法拉第的观点的数学解释，而是对法拉第学说的一次重大突破。在这篇论文中，麦克斯韦根据自己设计的理论模型，推导出了两个微分方程，揭示了电磁规律的两个方面：一是变化的磁场能够激发电场，一是变化的电场能够激发磁场。电场和磁场的这种相互变化，并以光的速度向空间传播开去，就是电磁波。

从理论上预言了电磁波的存在，是麦克斯韦一生中最辉煌的成就。

麦克斯韦的名声越来越大了，精力却越来越感到不够用。繁重的教学任务已占去了他的大部分时间，而许多社会工作也找上门来了，不得不挤占科学研究的宝贵时光。直到 1865 年的夏天，他陪妻子再次去格伦莱庄园度假，才算有了一个安静的环境来从事电磁理论的深入研究。

在这里，他早起晚睡，从事着第三篇电磁学论文《电磁场动力学》的写作。就在这篇论文接近完成时，青年时代的几位朋友来庄园拜访他，其中有一位就是"使徒社"的布特瑞。这样，他不得不把白天的时光消耗在陪朋友们游玩上，只是到了晚间，待朋友们睡觉以后，他才独自回到灯光下开始工作。

一个又一个的不眠之夜过去了，他从第二篇论文中的电磁方程组导出了一个新的方程式，这个方程式后来被称之为麦克斯韦方程。用这个方程去计算电磁波的传播速度，恰好与光速相等。至此，电磁波的存在已被证明是确定无疑的了。

当麦克斯韦把这个结果告诉那几个来访的朋友时，布特瑞却提出了一个问题："电磁波的速度等于光速，究竟意味着什么呢？"

麦克斯韦断然回答说："这证明光也是一种电磁波。光是看得见的电磁波，电磁波是看不见的光。"

这篇论文很快在伦敦皇家学会的学报上发表。早年法拉第曾经朦胧地意识到的光和电磁波的联系，至今已从理论上得到了严密的证实。一座关于电磁理论的大厦终于全部建立起来。

辛劳凄苦的后半生

科学史永远记下了 1865 年。这一年是从法拉第到麦克斯韦探索电磁理论取得决定性胜利的一年，是人类开辟电气化时代关键的一年。也正是在这一年，麦克斯韦辞去了他在伦敦皇家学院的教职，回到格伦莱庄园开始过一种田园式的生活。他那漂亮而能干的夫人，希望自己的丈夫从此告别城市的喧嚣，享受一下舒适、安逸的人生。

1867 年春天，麦克斯韦和凯塞琳到欧洲去作了一次旅行。他们先后游览了法国、意大利、德国、荷兰等地，参观了安培的实验室、巴黎的凡尔赛宫、意大利的比萨斜塔、维苏威火山、荷兰的莱顿大学等文化历史名胜，同各国一些第一流的科学家进行了接触和交流，直到 1868 年的深秋才返回苏格兰。

这次欧洲之行，使麦克斯韦开阔了眼界。回到格伦莱庄园，他便潜心于电磁学理论专著的写作。经过几年的努力，他所撰写的《电磁学通论》终于在 1873 年出版。

这部专著是麦克斯韦几十年研究电磁理论的心血结晶。他在这部著作中宣布：世界上存在一种尚未被人们发现的电磁波，它看不见，摸不着，但却充满整个空间。整个世界无处不在的光，其实不过是一种可以看得见的电磁波。

这个大胆的预言震动了整个科学界，然而能看懂《电磁学通论》的人却寥寥无几。对于世界上是否存在电磁波的问题，大多数科学家都抱怀疑态度。因此，麦克斯韦的理论一直处于不被人们所理解和接受的地位。直到 1887 年德国物理学家赫兹利用实验接收到了电磁波时，人们才真正认清了麦克斯韦的伟大和正确。而这时，麦克斯韦已经告别人世八年了。

早在 1871 年，麦克斯韦已经把自己的主要精力转移到剑桥大学的卡文迪许实验室的建设中来了。

像剑桥这样一所负有盛名的高等学府，竟然一直没有物理实验室。建造实验室的建议，麦克斯韦很早就提出来过，但限于经费困难，一直未受到学校当局的重视。他游历欧洲之后，更加感到了建立实验室的紧迫性。于是，他利用去剑桥作访欧见闻报告的机会，再次向学校发出了修建实验室的呼吁。

1870 年，剑桥大学的名誉校长德文郡公爵表示愿意捐款资助实验室建设，麦克斯韦的建议才被正式提上议事日程。

第二年 2 月，剑桥大学设立实验室物理学教授职位，并聘请麦克斯韦担当这一重任。

麦克斯韦毅然应允。实验室从 1872 年破土动工至 1874 年建成，整整花了两年时间。麦克斯韦作为实验室的创建人，也是这个实验室的第一任主任。实验室以 18 世纪著名英国科学家卡文迪许的名字来命名，整理卡文迪许留下的科研资料的任务也落到了麦克斯韦的头上。

麦克斯韦为此耗尽了几年的精力，终于在他生命的最后一年——1879 年——出版了《卡文迪许文集》，给人类留下了一笔珍贵的科学遗产。

麦克斯韦的后期生活是凄惨的。凯塞琳得了重病，自己的电磁理论又不被人们理解。1879年春天，当他讲授电磁理论时，听讲者只剩下两个人了，一个是来自美国的研究生米得尔登，一个是后来发明了电子管的弗莱明。

这无情的打击，使麦克斯韦尔的健康状况日趋恶化。这年5月，他便卧床不起。1879年11月5日，这位年仅四十八岁的科学家终于耗尽了自己最后的精力，过早地离开了人间。不久，他的妻子凯塞琳也在悲痛中逝世。

一颗科学的巨星陨落了。人们把他的遗体运回到了他的家乡格伦莱安葬。从此，他静静地躺卧在那块不出名的土地上，唯有他的科学成就在永远放射着灿烂的光辉！

六、第一个获得诺贝尔奖的
女科学家玛丽·居里

那些很活泼而且很细心的蚕，那样自愿地、坚持地工作着，真正感动了我。我看着它们，觉得我和它们是同类，虽然在工作上我或许还不如它们组织得那么好。我也是永远耐心地向一个极好的目标努力。我知道生命短促而且脆弱，知道它不能留下什么，知道别人的看法完全不同，而且对自己的努力是否符合真理没有多大把握，我还是努力去做。我这么做，无疑是有什么使我不得不如此，有如蚕不得不作茧。

这是法籍波兰著名科学家玛丽·居里在 1913 年 1 月 6 日写给她的外甥女涵娜·扎拉伊的信中的一段话。这段话，可以说是这位科学家的一生的真实写照。她的确有如春蚕，吐了一辈子丝，作了一辈子茧。我这里所奉献给读者的，正是这位"春蚕到死丝方尽"的科学家的生活足迹，正是关于她如何作"茧"以及为什么"不得不作茧"的故事。

在苦难中成长

位于欧洲东部的波兰，历史上曾经是一个独立的国家。在十八世纪，它却三次遭到普鲁士、奥地利和沙皇俄国的瓜分，最终归于灭亡。待到

玛丽·居里

玛丽·居里降生的时候，这个民族已经经历了半个多世纪的屈辱和反抗的艰难历程。

那是1867年11月7日，在华少城弗瑞达路的一所房子里，一名中学教师乌拉狄斯拉夫·斯可罗多夫斯基的妻子生下了第五个孩子。这是一个女孩。她和她的大姊苏希娅、哥哥约瑟夫、二姊布罗妮雅、三姊海拉一样，同样有一个漂亮的名字：玛丽娅。此外，她还有一个普通的爱称：玛妮娅。

被奴役的地位和众多的子女，决定了这个教师家庭的不幸，也造就了孩子们艰苦奋斗的精神和不屈不挠的性格。

沙俄统治者妄图使波兰人民忘记自己的历史和语言，强令学校用俄语讲课，波兰的历史则在禁止讲授之列。有爱国热情的教师们只好背着沙皇当局，用波兰语向学生讲授自己民族的光荣历史。玛妮娅的学生时代，就是在这种屈辱和反抗中度过的。

有一天，女教师正在讲波兰史，突然响起了两长一短的电铃声。这是预先约好了的紧急讯号。老师和学生们敏捷地藏起了波兰文课本和笔记，拿出针线，装作正在上缝纫课。

督学进了教室，严厉的目光透过金边眼镜扫视着全班学生，接着开始提问。

那个坐在第三排靠窗子跟前座位上的玛妮娅被叫了起来，强压住心头的怒火，接连回答几个关于俄罗斯皇族的名字和品级、尊号等无聊的问题。

"谁统治我们？"督学问道。这个问题显然带有侮辱性和挑衅性。

"亚历山大二世陛下，全俄罗斯的皇帝。"玛妮娅痛苦地回答，脸色变得惨白。

督学走了。女教师抬起头来，对玛妮娅说："到这里来，我的孩子……"

玛妮娅默默地来到教师跟前。女教师一句话也没有说，只是轻轻地吻了她的额头。玛妮娅再也忍耐不住心中的感情，"哇"的一声哭了起来……

　　玛妮娅出生不久，母亲便患了肺结核。1873 年，父亲被撤去副学监头衔，薪俸随之而降低。为了增加收入，父亲不得不在家里招了几个寄宿生。不幸的是，1876 年 1 月，一个寄宿生得了斑疹伤寒，并把病传给了大姊苏希娅。苦于无钱医治，可怕的病魔竟夺去了苏希娅的生命。玛妮娅第一次尝到了生离死别的痛苦。两年以后，她亲爱的母亲也离开了人间，玛妮娅再一次陷入悲痛之中。

　　虽然家庭连遭灾难，但父亲仍旧带着四个孩子苦苦地挣扎着，令斯可罗多夫斯基欣慰的是，在自己的逐渐衰老中，孩子们一个个健壮地成长起来。长子约翰夫考上了医科大学，二姊布罗妮雅也中学毕业了，并同约瑟夫一样，毕业时获得了一枚金奖章。由于华沙大学不收女生，她只好担当起操持家务的任务。海拉和玛妮娅都进了中学。

　　1883 年 6 月，玛妮娅中学毕业。她也以优异成绩为这个家庭赢来了第三枚金奖章。

　　考虑到玛妮娅在校学习时的勤奋和辛劳，父亲决定让她到乡下去休养一年。在那里，她算是真正享受了少年时期的快乐。散步、下棋、打板羽球、作游戏、划船、骑马、荡秋千，参加村民们狂热的舞会，成了生活中的主要内容。

　　经过了十四个月的乡间生活以后，玛妮娅的身体壮实多了。这时，她已是一个十七岁的姑娘了，求职的问题已经现实地摆在面前。

　　她脚下的路很窄。经过职业介绍所的介绍，她于 1885 年到了一个律师家去作家庭教师，每年赚取四百卢布的薪金。从此，玛妮娅告别了自己的少年时代，开始踏入严酷、冷漠的社会。

　　这个律师的家庭是一个愚蠢、庸俗、吝啬的家庭。玛妮娅在这里就像置身于地狱一般。然而，她必须忍耐，因为她已经许诺用自己的收入资助姐姐布罗妮雅前往法国巴黎学医。

这时，布罗妮雅已经去巴黎了。而玛妮娅的那点可怜的工资在开销了自己的零用支出以后，剩下的就很少了，资助布罗妮雅的事几乎要落空。更加现实的问题是，父亲很快就要退休了，家庭收入还要降低。为了谋求高一点的收入和减少一些自己的开支，经人家介绍，玛妮娅远离家里的亲人，于第二年年初到了普罗克一个叫斯茨初基的乡村作家庭教师，年薪为五百卢布。

在那里，她度过了近五年漫长而寂寞的生活后，布罗妮雅已从巴黎的医科大学毕业，并准备与一个流亡的波兰爱国者、医生卡西密尔结婚。她给妹妹来信，要她立即去巴黎求学。

这的确是玛妮娅长期埋藏在心底里的愿望，可此时，她却又犹豫了。她不忍心离开年迈的、需要照顾的父亲，也不忍心离开自己苦难的祖国。

在经过了一段时间的冷静思考和父亲的反复劝告之后，玛妮娅终于在黑暗与光明之间作出了最后的抉择，于1891年秋天踏上了赴巴黎的旅途。

这时的玛妮娅已经是一个二十四岁的青年女子了，她完全有能力迎接命运的挑战。

学业和爱情

玛妮娅寄居在德意志路的姐姐和姐夫家中，开始了在法兰西共和国大学理学院的学习生涯。这时，她的名字按照法文的拼法，变成了玛丽·斯可罗多夫斯卡。

经过了几年的艰苦磨炼，玛丽十分珍惜这一重新得到的学习机会。她心中充满着渴望，浑身有着一股神奇的力量。为了找到更安静的学习环境，她离开了姐姐的家，独自在拉丁区福拉特路三号的一座六层楼上租到了一间小阁楼。

房租当然是极其低廉的，因为她每月仅有的四十卢布逼得她不得不十分节俭。为了尽可能节约开支，她每天步行去学校，晚上则尽量利用学校图书馆的灯光来看书，只有到图书馆关门以后，才回家点盏油灯继续攻读，直至第二天凌晨两三点钟才上床睡觉。冬天买不起取暖用煤，她就尽量忍耐着，睡觉时总是穿上所有的衣服钻进冰冷的被窝；有时的确冷得受不住，就把椅子也压在被窝上。

　　食物自然是最简单的黄油涂面包。这不仅可以省钱，也省下了宝贵的时间。有一天夜里，她从图书馆回家，随手抓了家中仅有的一点小萝卜和樱桃充饥，接着学习到了凌晨三点。第二天一早，她又按时到学校去上课。可这天回到家里，她再也支持不住了，两眼一黑，竟晕了过去。

　　当医生的姐夫卡西密尔闻讯赶来，刚从昏迷中醒来的玛丽又在专心地准备功课。姐夫在她住房内找了个遍，竟连一点食物也没有发现，只是找到了一小包茶叶。他一切都明白了，立即把玛丽带回自己家中。经过布罗妮雅几天的照料，玛丽才逐渐恢复了体力，又重新回到了自己的小阁楼，继续过着清苦的生活。

　　经过近两年的刻苦攻读，1893 年 7 月，她以第一名的成绩获得了物理学学士学位。这以后，她的目标又集中到了数学上。她要再获得数学学士学位。

　　可是，她的积蓄已经花光了，继续上学遇到了难于逾越的困难。就在她几乎绝望的时候，她的一个女友为她争取到了六百卢布的"亚历山大奖学金"，使她得以能专心地去完成自己的学业，并于 1894 年获得了数学学士学位。

　　正当她向这最后的目标冲刺时，一件意外的、对玛丽一生产生了决定性影响的事情发生了。

　　那是 1894 年初，旅居瑞士的波兰藉物理学家科瓦尔斯基夫妇来巴黎旅行。这时的玛丽正受人委托，在从事钢铁的磁性研究，但却碰到了实验条件方面的困难。她见到了科瓦尔斯基，向他谈到了这一情况。科瓦尔斯基对她说："我认识一位很有才能的学者，他在理化学校工作。我想，他或许有自己的实验室，至少可以帮助出个主意。你明天晚上到我这里来喝茶，我请这个年轻人也来。"

科瓦尔斯基所说的那位"很有才能的学者"，就是比埃尔·居里。他于1859年出生在巴黎的一个医生家庭，由于不能适应学校的正规教育，父亲欧仁·居里便对他进行家庭教育。比埃尔·居里成了理科学士，十八岁当上了理科硕士，十九岁开始在巴黎大学理学院当研究助手。他的哥哥雅克也是一位理科硕士。兄弟俩一起从事研究工作，发现了一种重要现象：当压力加于某些不对称结晶体，如石英、电气石等的时候，它的表面就会产生电荷，这叫"压电效应"。根据这一效应，他们还发明了压电石英静电计。其后，比埃尔当了巴黎市立理化学院的实验室主任，对晶体物理学理论作了深入研究，提出了"对称原理"。此外，他还发明了"居里天平"，发现了磁学中的"居里定律"。比埃尔的这些成就，为他赢得了世界性声誉，甚至连英国著名物理学家威廉·汤姆生也对他十分钦佩。可在巴黎，他却默默无闻，工作条件还很艰苦。

那天晚上，玛丽在科瓦尔斯基的寓所见到比埃尔，立即留下了极好的印象：他那颀长的身材和潇洒的风度，那略显迟缓而审慎的言谈，那庄重而活泼的微笑，那对科学问题深刻而犀利的见解，都使玛丽对他产生了好感。

与此同时，玛丽那端庄娴雅的神态，那美丽的金发和浅灰色的眼睛，那对科学的热烈而深沉的追求，也对比埃尔产生了强烈的吸引力。

他们很快陷入了爱情的漩涡。然而，两人的不同国籍和玛丽一心返回祖国的愿望，在他们的爱情中设下了一道严重的障碍。经过一年多痛苦的摩擦、纠缠、交谈，他们终于越来越相互了解，相互感到不能分离。

1895年7月26日，这对恋人的婚礼在比埃尔的老家梭镇举行。新婚夫妇购买了两辆自行车，双双骑着到郊外去旅游。这就是他们度蜜月的方式。

从那以后，玛丽的命运就与比埃尔紧紧地联系在一起了。玛丽·斯可罗多夫斯卡的名字也就变成了玛丽·居里，人们则把她称为居里夫人。

镭的父母

时光在愉快和忙碌中过去。第二年，玛丽通过了大学毕业生的就业考试，在比埃尔领导的实验室里继续进行着钢铁磁性的研究。

1897年9月12日，玛丽生下了一个可爱的女儿：伊雷娜。后来，伊雷娜继承了母亲的事业，获得了诺贝尔物理奖。

玛丽一方面照管婴儿，一方面进行着研究工作。在伊雷娜出生仅三个月之后，她写出了钢铁磁化的研究报告，发表在《全国工业促进协会报告书》上。

按照合乎逻辑的顺序，玛丽的下一步目标是考博士学位。为了选定撰写博士论文的题目，她尽量翻阅着各国科学家发表的实验研究报告。突然，法国物理学家亨利·柏克勒尔在1896年提交给科学院的几篇论文引起了她的注意。

自从德国物理学家伦琴在上世纪末发现X射线之后，一些科学家便对这种射线进行了研究。柏克勒尔在这一研究过程中观察到了一种异常现象：铀盐能自发地放射一种性质不明的射线，使包在黑纸包中的底片感光，也能使空气导电。

这究竟是一种什么样的射线呢？玛丽·居里决定将这个问题作为自己的博士论文题目。

然而，她没有实验室，比埃尔也没有自己的实验室。经过多方努力，理化学校同意将大楼底层的一间贮藏室借给她。这间有着大玻璃墙的房间里没有任何可供利用的设备，夏天闷热而潮湿，冬天则异常寒冷。

她利用丈夫以前发明的仪器立即着手工作，很快证明了那种射线确实是由铀放射出来的，而且其射线的强度与化合物中的含铀量成正比。

铀是否是唯一可以发出这种射线的元素呢？玛丽表示怀疑。她决定检查所有已知的化学物质，不久就发现另一种物质——钍——的化合物，也能自发地发出射线。为了归纳这类元素的性质，居里夫人决定把这种自发发出射线的性质称为"放射性"，而把有放射性物质叫做"放射元素"。

此后，居里夫人不限于观察盐类和氧化物这些简单的化合物，而决定对理化学校的各种矿物标本进行逐一检查。一个新的现象使她大吃一惊：一种矿物的放射性要比铀和钍的放射性强得多。她由此推断：那种矿物中一定含有一种放射性更强的、尚不为人所知的新元素。她把这个结果写成报告，交给了科学院。1898 年 4 月 12 日，她的这一报告在科学院的《论文汇编》上发表了。在这篇报告中，她正式宣布了沥青铀矿中一种放射性更强的新元素的存在。

现在的问题是，她必须从沥青铀矿中提炼出这种未知的元素来，以回答人们对她的结论的怀疑。在这个关键时刻，比埃尔·居里也放下了手中正在进行的结晶学研究，全力参加玛丽提炼新元素的工作。两个非凡的头脑，两双灵巧的手，从此开始了艰难的探索。

然而，精密的化学分析也未能发现的这种新元素，在沥青铀矿中的含量不过百万分之一，要把它提炼出来，的确就像大海捞针。两位科学家不知疲倦地工作着。他们先把组成沥青铀矿的各种物质分开，然后逐一测定它们的放射性。在这些琐碎的工作中，他们发现放射性主要存在于沥青铀矿的两种成分里。据此，他们断定，存在着两种具有放射性的新元素。

到了 1898 年 7 月，他们终于得到了两种新元素中的一种。这种黑色的粉末，比等量的铀的放射性要强四百倍。为了纪念居里夫人那已经从世界地图上消失了的祖国，他们决定将这种新元素定为名"钋"（Polonium），因为这个词的词根同波兰的国名（Poland）的词根是一样的。

玛丽·居里与丈夫一起在做实验

居里夫妇坚持不懈的努力，又提炼出了一些放射性比钋还要强的东西。他们肯定里面还有另一种新元素，并建议把它定名为"镭"。在法文中，这是放射的意思。1898 年 12 月 26 日，居里夫妇和另一位合作者贝蒙，联名在科学院的《论文汇编》上发表了这一报告，天才地预言了镭的存在。

此时，卡西密尔和布罗妮雅已经回到了奥属波兰，在那里建立了一个结核病疗养院。姊妹的分离，不能不使居里夫人的情绪受到影响。然而，她必须振作起来，立即投入提纯镭的工作。

要提炼一克镭，至少要有一吨矿石。含有镭的沥青铀矿是相当昂贵的，而且当时产在奥地利。他们即使遍卖家产，也购买不起一吨矿石。居里夫妇经过商量，决定拿出自己的全部积蓄，请一位奥地利学者帮忙，从那里购买一批提炼过铀的废矿渣。矿渣自然比矿石要便宜得多。

提炼的场所也找到了，那就是他们工作间对面的一个小木板棚。这里原是一个解剖尸体的地方，屋顶还漏雨，但总比在露天工作要强得多。

1899 年 4 月，由奥地利政府惠赠的矿渣运到了，紧张的工作便随之开始。比埃尔负责精密的实验，研究镭的各种特性。玛丽则担负了繁重的体力劳动。她燃起熊熊烈火，熔冶坩埚里的矿渣；她手持一根沉重的铁棍，搅拌着沸腾的溶液；她搬动几十斤重的罐子，把溶液倒来倒去……白天过去，他们晚上接着干，连星期天也无法休息；实在太累了，夫妇俩围坐在火炉边，喝上一杯热茶，也就算是一种恢复脑力和体力的办法……

经济的拮据，也成了他们的沉重负担，比埃尔每月五百法郎的工资，无论如何也支持不了一家三口和一个女仆、一个奶妈的生活。他申请巴黎大学一个薪金较高的教职，结果未获批准。为了贴补家用，玛丽不得不到一个师范学院去教书。即使在这样的情况下，他们提纯镭的工作也从未中断。1900 年初夏，瑞士的日内瓦大学曾经高薪聘请他们到那里去任教。但为了不至于中断镭的提纯工作，他们还是婉言谢绝了这一聘请。

整整四十五个月过去了，玛丽的体重下降了七公斤。1902年5月，小木板棚里终于出现了奇迹：他们得到了纯镭！

在漆黑的夜晚，夫妇俩来到这间小木棚，久久地注视着那放射着淡蓝色荧光的新元素，心里荡漾着无法抑制的激情与欢乐。四年的辛苦，四年的劳累，此时全都化作了无尚的幸福！

镭，一种新元素终于诞生了，并且得到了全世界的承认。为此，比埃尔·居里和玛丽·居里被人们称之为"镭的父母"。

获得诺贝尔奖金前后

镭和其他放射性元素的发现，在物理学上具有重大的理论意义。由于许多学者被吸引到了这一研究领域，因而很快揭开了放射性的谜底。原来，自然界存在一些不稳定元素，它们放射出某种射线，衰变成另一种元素，这种元素又会继续发生衰变。这一发现打破了元素固定不变的陈旧观念，推动了物理学和哲学的发展。

同时，镭射线的生理作用也很快得到确认。医生们用它来治疗癌症，获得了满意的结果。

镭开始造福于人类，这正是居里夫妇的共同愿望。然而，人类历史上的这一伟大进步，并未给居里夫妇带来任何物质利益，恶运仍在时时追随着他们。

就在他们提取镭的那个五月，他们接到了来自华沙的噩耗：玛丽的父亲突然病故。也就是在这个时候，比埃尔申请巴黎大学一个矿物学讲座的席位也未能如愿。了解比埃尔的能力和贡献的物理学家们极力推荐他作为科学院院士的候选人，可选举的结果却又使他名落孙山。

作为对比埃尔的一种补偿，科学院新院长保罗·阿佩尔为他申请到了一枚荣誉勋章。比埃尔对此不感兴趣。他给院长回信说："敬请代向部长先生申谢，并祈转告他，我丝毫不感到需要勋章，我极感需要一个实验室。"

1903年6月25日，玛丽以"极优"的成绩通过了博士论文答辩，被巴黎大学授予物理学博士学位，可她和自己的丈夫仍在小木板棚里继续从一吨又一吨的沥青铀矿渣中提取新元素，终于得到了一克纯镭。可是比埃尔希望得到一个实验室的愿望，却在他生前始终未能实现。

过度的辛苦使比埃尔患了风湿症，一家的日子更为凄惨。

一些工业家们从镭的提炼中看到了巨大的利润，纷纷向居里夫妇索取有关提取镭的技术资料。一天，一封美国来信摆到了他们的眼前，来信者要求他们给予技术指导。

比埃尔读过来信后，对玛丽说："从客观上说，我们要在两种办法之间进行抉择。一种是毫无保留地把我们的研究成果，包括提炼方法告诉大家……"

"是的，应该如此。"玛丽说。

"另一种办法是像有些发明家那样，去申请专利权，从而就可以获得经济上的好处。"

"我们不能这么办，这是违反科学精神的。"玛丽略加思索，坚决地回答。

其实，比埃尔与玛丽的想法完全一致。虽然专利权可以减轻他们生活的重负，可以使他们得到梦寐以求的实验室，但他们还是一致认为：人们需要镭，我们应当把镭毫无保留地交给全人类！

1903年底，他们的处境发生了戏剧性的改变。这年11月，英国皇家学会把该会的最高奖赏——戴维奖章，授予了居里夫妇。12月10日，瑞典科学院决定把当年的诺贝尔物理学奖金的一半授予柏克勒尔，一半授予居里夫妇。因此，玛丽·居里成了世界上第一个获得诺贝尔奖的女科学家。

荣誉像一根魔杖，它使居里夫妇突然变成了"新闻人物"。报纸上连篇累牍地发表通讯报道和评论，邀请参加宴会、演讲会的请柬纷飞而来，新闻记者和各种求见的人物络绎登门。千百万热心的人们扰乱了他们平静的生活，使他们置身于十分尴尬的地位。他们除了设法躲避之外，只能在极度的不安中哀叹这种灾难性的折磨。

有一次，居里夫妇到郊外度假。一位美国记者追踪而来，恰好与赤脚坐在渔家房前抖去凉鞋中沙土的玛丽相遇。记者觉得这是一个探寻她的生活道路、工作方法和心理活动的极好机会，便接连提出了许多问题。

玛丽只用她那句常常对人说过的话作了简单的回答："在科学上，我们应该注意事，不应该注意人。"

对于玛丽的这种品格，爱因斯坦曾有一个极为公正而准确的评价："在所有的著名人物中，居里夫人是唯一不为荣誉所腐蚀的人。"

灾难中的奋起

荣誉在给居里夫妇带来烦恼的同时，确也给他们带来了一些实际利益：教席、实验室、合作者和科学研究的经费。皮埃尔成了巴黎大学的教授，有了一个实验室。玛丽担当了实验室主任，另外还配备了一个助手和一个工人。1905 年 7 月 3 日，一度把皮埃尔拒之门外的科学院，也终于接纳他为新院士。

这一切虽然来得太晚，但毕竟还是到来了。他们希望凭借着这些前所未有的优越条件，去夺取科研工作的新胜利。

谁能想到，就在这个时候，生活的道路上竟然骤起风波。

那是 1906 年 4 月 19 日下午，刚刚参加了科学家午餐会的皮埃尔，急匆匆地走在大街上，准备到出版社去看校样。

天正下着雨，街上昏暗一片。皮埃尔打着伞，在大雨中向塞纳区走去。到了出版社，他才知道工人罢工，只好碰壁而返，转身走上多非纳路。到了这条街与码头交叉处，一辆开往贡科德的电车刚刚沿河驶过，两匹马拉的一辆四轮重货车正由桥上向多非纳路急驰而来。皮埃尔打算穿过马路，不料却被一辆出租马车的车厢挡住了视线。他猛然撞到了一匹马上，脚下一滑，竟跌倒在拉着重货车的两匹马的铁蹄下。紧接着，那辆货车的后轮便从他的脑袋上辗压过去……

一个非凡的头颅就这样被压碎了。一个幸福的家庭从此只剩下三个孤儿寡母：玛丽、伊雷娜和年仅一岁多的小女儿艾芙。

玛丽失去了伴侣，世界失去了一位伟人。从此以后，这位坚强的女学者不仅要单独担负起研究和教学工作，还要抚养两个女儿，承担一个母亲的全部责任。

1908年，居里夫人被巴黎大学聘任为教授。她从悲痛和苦难中奋起，在世界上首次开设了《放射学》课程，整理出版了比埃尔的遗著。1910年，她又出版了一本《放射学专论》。此外，她还与别人合作，从镭盐（氯化物或溴化物）中离析出金属纯镭。她在世界上第一个制定了测量镭的计量单位，并出版了《放射性元素分类》《放射性常数表》等专著。

基于居里夫人对科学事业的巨大贡献，一些热心的朋友决定推举她为科学院院士。她没有想到，有些人却在暗地里进行着阴谋活动。1911年1月23日选举结果，玛丽竟以一票之差而落选。可是就在这年的12月，斯德哥尔摩的科学院却鉴于她在丈夫去世后所完成的出色工作，决定授予她诺贝尔化学奖。因此，玛丽不仅是世界上第一次获得诺贝尔奖的妇女，也是世界上第一个获得两次诺贝尔奖的科学家。

这一登峰造极的荣誉使许多人钦羡，也招致了一些人的仇视。恶毒的攻击和诬蔑犹如一阵狂风向她袭来。她那因为过度的工作、悲痛和劳累而变得衰弱不堪的身体，无法承受这样的压力。她病倒了。12月29日，奄奄一息的玛丽被送进了疗养院。经过医生的治疗和同事、亲人、学生的照料，她的健康状况才稍有好转，可是肾脏却出现了严重病变，不得不又作了一次手术。

就在这个危难的时刻，她的祖国波兰对她表示了极大的关切。由于沙皇统治的动摇，波兰的一些爱国知识分子重新活跃起来。1912年5月，一个波兰教授代表团到巴黎探望玛丽，带来了波兰著名作家亨利克·显克微支写给她的亲笔信，热切地请求她回到波兰去工作，领导那儿即将建立的放射学实验室。

居里夫人热爱自己的祖国，也同样热爱着科学事业。那时，巴黎已决定为她创设一个实验室。这是她和自己的丈夫渴望已久的事情；此时离开巴黎，就会使这个伟大的希望落空。

她终于未能回到波兰，但却答应对华沙方面的工作给予指导，还派去了两名得力助手去支援实验室建设。1913年，她身体虽然还极虚弱，可仍然高兴地赶到华沙去参加放射性实验室的落成典礼。

1913年夏天，玛丽的身体好多了。她受到爱因斯坦的邀请，带着伊雷娜和艾芙，一起到瑞士东部去度假。不久，她又应邀访问了英国和比利时。

回国以后，巴黎的镭研究院已进入最后施工阶段。这座小白楼的完工是在1914年7月。整座楼由巴斯德研究院和巴黎大学合资筹建，分为两部分：研究放射性的实验室由玛丽指导；研究生物学和居里治疗法的实验室由另一个名叫瑞果的医学家指导。楼门的拱石上，镌刻着一行大字："镭研究院——居里楼"。

毫无疑问，镭研究院的建立，既是对已故的居里的追念，也是对玛丽的研究工作的支持。

"我需要1克镭"

第一次世界大战的爆发，完全打乱了玛丽的研究计划。德国人不宣而战，侵入法国。法国政府发出了总动员，决心抗击侵略者。镭研究院的多数工作人员也都奔赴了前线。

年已四十七岁的玛丽也义愤填膺地投入了保卫第二祖国的战斗。她建议把 X 光机装在汽车上，然后开赴各战地医院。为受伤的战士检查弹片的位置。战士们亲切地将这部装在汽车上的 X 光机称作"小居里"。随着战争形势的发展，玛丽从各方面征集了二十辆汽车，装备了二十部"小居里"，分赴各个战地。其中的一辆，由她自己亲自驾驶和掌管。有一次翻了车，玛丽险些送命。

十八岁的伊雷娜也参加了战地救护工作。之后，母女俩又在镭研究院办起了 X 光外科培训班，亲自担任教学工作。

在战争最激烈的时期，玛丽十分担心存放在镭研究院的那一克由她提炼出来的镭会落入敌人手中，便亲自把它运送到了安全的后方。

1918 年秋天，战争结束，法国取得了胜利，波兰也获得了独立。玛丽又重新走进了自己的实验室，沉醉于一度被中断了的"科学梦"。

1920 年 5 月的一天早晨，一位名叫威廉·布朗·麦隆内夫人的美国记者来到了镭研究院的会客室，要求会见居里夫人。

麦隆内夫人在纽约主办一家大型杂志，是玛丽的崇拜者之一，曾多次要求与她会晤。玛丽一向不愿见记者，但对盛情的麦隆内夫人已不便再加拒绝，于是决定在第二天抽空与她见面。

当居里夫人出现在这位已从事新闻工作二十多年的记者面前时，麦隆内夫人倒有些拘谨了。玛丽看出了这一点，便主动与她谈起了美国。她说："美国约有五十克镭，四克在巴尔的摩，六克在丹佛，七克在纽约……"

麦隆内夫人问："法国有多少呢？"

"我的实验室只有一克多镭。"

"你只有一克镭么？"

"我？啊！我一点也没有！这一克镭属于我的实验室。"

麦隆内夫人谈起了专利。她认为专利应当使玛丽成为巨富。

玛丽平静地说："没有人应该因镭致富。镭是一种元素，它是属于全人类的。"

　　麦隆内夫人一时冲动，冒出了一个问题："若是把世上所有的东西任你选择，你最愿意要什么东西？"

　　"我需要一克镭，以便继续我的研究，但是我买不起。镭的价格太贵了。"居里夫人不加思索地回答。

　　麦隆内夫人被玛丽感动了。她回到美国后，一方面撰写文章介绍居里夫人的成就与品格，一方面组织发起筹募玛丽·居里镭基金的全国性活动。不到一年时间，足够购买一克镭的钱数——十万美元——凑齐了，麦隆内夫人给玛丽写信通报了这一情况，并热情地邀请玛丽偕女儿们访问美国。

　　玛丽在美国受到了隆重、热烈的欢迎。差不多所有的城市和大学都邀请她们母女三人光临，学术团体和社会团体的请柬如雪片飞来，欢迎会、演讲会、宴会一个接着一个，奖章、名誉头衔、名誉博士学位都在等着她。她们每到一处，欢迎的队伍如浪潮般涌动着。一次，一个狂热的崇拜者在和她握手时，竟致用力过猛，把她的手腕扭伤了。

　　1921年5月20日下午，赠镭仪式在华盛顿举行。四点钟，一个双扇的门打开了，贵宾们步入会场。法国大使朱塞昂挽着美国总统夫人走在前面，后面是哈定总统挽着居里夫人，再后面是麦隆内夫人、伊雷娜和艾芙，以及"玛丽·居里委员会"的女士们。

　　哈定总统在作了热情洋溢的致词后，亲手把开启装着"象征镭"的匣子的钥匙挂在居里夫人的脖子上，并把赠镭证书送到她手里。

　　在美国的一个多月中，居里夫人参观访问了许多地方，最后于6月28日返回法国。在以后的年代里，她又周游了世界许多国家，如巴西、意大利、荷兰、英国、比利时、西班牙、捷克斯洛伐克……

　　当然，对于她的祖国波兰，居里夫人更是给予了深切的关注。在那里，为建立玛丽·斯可罗多夫斯卡·居里研究院而发起了一场募捐活动。

1925 年，玛丽又亲临华沙，为这个研究院奠基。波兰共和国总统砌了研究院的第一块砖，居里夫人砌第二块，华沙市长砌第三块……

几天后，研究院建成了，但却无钱购买治疗癌肿所必需的镭。为此，玛丽再次求助于麦隆内夫人。1929 年，这位能干的记者终于又为玛丽的祖国募集到了一克镭。

苍劲的晚年

随着第一次世界大战的结束，镭研究院的工作便生气勃勃地开展起来了。居里夫人的身边聚集了一大群来自世界各地的青年物理学家。他们不分国籍，不分肤色，共同携手攀登在崎岖的科学小路上。玛丽·居里既是他们的导师，又是他们的朋友。她审核着每个人的研究计划，指导他们进行各项实验。为他们筹集研究经费。她还要亲自参加研究，撰写学术著作……从 1919 年到 1934 年之间，镭研究院的科学家们发表了四百八十三项科学报告，其中有三十四篇是论文。在这四百八十三项研究课题中，有三十一项是居里夫人的工作。

与此同时，由瑞果教授主持的生物学和居里治疗法研究室，接纳了八千三百一十九人的治疗。这里成了世界闻名的放射疗法的中心。

每当一个学生的论文通过了，或是得了文凭，或是被认为有领受某种奖金的资格，居里夫人总是感到由衷的喜悦，并为这个学生举行一次"实验室茶会"。

对玛丽来说，有两次"茶会"具有感情上的特殊意义：一次是庆祝她的女儿伊雷娜的博士论文，一次是庆祝她的女婿弗雷德里克·约里奥（即约里奥·居里）的博士论义。这对青年夫妇完全继承了他们父母的事业，并且获得了辉煌的成就。1934 年，他们通过对原子嬗变现象的研究，发现了人工放射现象：用放射性元素自发的射线轰击某些物质，例如铝，能人工创造出新的放射性元素，例如放射性磷。这一成果，使他们获得了 1935 年的诺贝尔奖。玛丽虽然未能见到诺贝尔奖第三次来到居里家中，但却目睹了这对青年的迅速成长，心中感到无限快慰。

玛丽用不懈的奋斗精神为自己安排了一个苍劲、充实的晚年。

早在 1920 年，她就患了双层白内障的眼疾。此后，眼睛的视力不断下降，以致看书、写字和作实验都极感困难。从 1923 年至 1930 年的七年间，她先后为此作了四次手术，视力才有所恢复。此后，她又艰难地开始了最后一本书——《放射学》——的写作。

与此同时，多种疾病不断地袭击着这位羸弱的老人。她的耳朵常常嗡嗡作响，肩骨也时常疼痛，手上所受的放射性烧伤时时发炎……1933 年 12 月，经 X 光检查，证明她患有胆结石。

1934 年 5 月中旬的一个下午，玛丽在实验室工作到三点半，突然感到自己在发烧，于是决定回家去休息。临走之前，她在花园里走了一圈，发现一棵蔷薇有些憔悴，便告诉技工要好好照料它。从此以后，她再也没有回到这个花园里来，再也没有回到自己的实验室。

她的体温经常高达四十度，血液中的红血球和白血球在迅速减少。医生们诊断不清她的病因，有的说是患流行性感冒，有的说是气管炎，还有的说是结核症的旧病复发，相信到山里去住一段时间就可康复。

玛丽拖着病体来到了桑塞罗谋疗养院。医生们虽然极尽全力，可她的病情仍在一天天加重。7 月 3 日，她感到神情恍惚，那枯瘦的嘴唇嗫嚅着："那本书各章的分段，都应该是一样的……我一直在想这个出版物……"

第二天，一个伟大的生命终于安详地结束了。直到她逝世之后，人们才弄清了夺去这一生命的真正罪人：镭。在三十多年与镭等放射性元素打交道的日子里，她受到了射线的巨大伤害。

桑塞罗谋疗养院院长涛贝教授写出了如下的例行报告：

"居里夫人于 1934 年 7 月 4 日在桑塞罗谋去世。"

"她的病症是一种发展很快的发烧的再生障碍性贫血，骨髓不起反应，大半是因为长期辐射积蓄而有了改变。"

居里夫人逝世的消息传遍了全世界。人们都为失去了这位伟大的科学家而悲痛、哭泣。居里夫人只是像她毕生所作的那样，躲开悲哀和颂扬，静静地来到了她丈夫的墓地。

1934年7月6日，她的亲人、朋友和学生将她的遗体护送到梭镇。她的棺木被放在比埃尔的棺木上面，同时洒上了一把从波兰带来的泥土。

七、微观宇宙之王卢瑟福

1937年10月25日，英国伦敦的威斯敏斯特大教堂内哀乐低回，挽歌不绝。英籍新西兰科学家欧内斯特·卢瑟福的骨灰安葬仪式在这里举行。

中午，卢瑟福的灵柩由皇家学会主席威廉·亨利·布拉格等十位著名学者缓缓抬到公墓北部的"科学之角"，下葬在牛顿和法拉第的墓边。

参加葬礼的有国王和首相的代表、政府要员和卢瑟福的学生、生前好友等。卢瑟福的得意门生、丹麦著名科学家玻尔在意大利的博洛尼亚参加纪念伽伐尼诞辰200周年纪念会时得知卢瑟福去世的消息，也匆忙赶到伦敦，参加自己的恩师的葬礼。卢瑟福夫人把丈夫生前使用的烟盒赠给他，以作永久的留念。

与此同时，世界各国的许多科学家、学术团体和单位纷纷发来唁电、唁函，撰写悼文，或举行追悼活动，颂扬卢瑟福对人类科学事业所作出的不朽贡献和伟大而高尚的品格，以寄托对他的哀思。

这位与牛顿、法拉第长眠在一起的科学家，是以自己划时代的科学成就而赢得人们的尊敬和怀念的。20世纪以来，自然科学出现了向宏观宇宙和微观原子两个方向发展的大趋势。作为这两种趋势的奠基人，前者是创立了相对论的爱因斯坦，后者则是新原子论的开拓者卢瑟福。他从对元素的放射性研究开始，发现了原子的核结构，进而实现了元素的人工嬗变，因此被人们称之为"微观宇宙之王"。

工匠的儿子跨入了科学殿堂

1871年8月31日，欧内斯特·卢瑟福出生在新西兰泉林村的一所小木屋里。他是这个家庭中十二个孩子的第四个，也是四个儿子中的第二个。

欧内斯特的祖父乔治·卢瑟福原是苏格兰的一个车马工匠，1842年，他作为英国政府组织的向殖民地的移民，远离家乡，来到了南太平洋的新西兰。

父亲詹姆斯·卢瑟福是一个勤劳而又多才多艺的农民兼手工业工匠。母亲玛尔塔·汤普森也出生于苏格兰移民家庭，是一名农村教师。

出生在这样一个家庭的欧内斯特·卢瑟福，从小就适应了艰苦的生活环境，养成了勤劳、朴素的生活习惯，也继承了苏格兰人勇敢、刚毅的性格特点。

刚到五岁，卢瑟福就开始在福克斯希尔村的一所小学读书。童年时代的卢瑟福不仅学习成绩优秀，而且还有对发明创造的强烈渴望。他曾制造过一种可以发射"远射程炮弹"的玩具大炮，还修理好了一只准备报废的坏钟，并且自制了一架照相机。

1882年，卢瑟福一家迁居到了佩洛鲁斯海峡边上的哈维洛克村。他继续在这里的一所学校上学。暑假时，他回福克斯希尔看望祖母，还给祖母做了一台马铃薯捣碎机。

就在这期间，他的家庭连遭不幸，首先是欧内斯特的两个弟弟希尔伯特和查理士在佩洛鲁斯海峡的一次翻船事故中丧生。他和父亲在岸边寻找尸体达几个月之久。稍后，父亲又因事故而折断了五条肋骨。这两个意外的打击，使少年卢瑟福理解了人生旅途的艰难，从而更加发奋学习。十五岁时，他考取了莫尔伯勒省奖学金，并于1887年2月进入纳尔

逊学校接受中学教育。

纳尔逊学校是一所仿照英国贵族学校的模式学校。校长福特是剑桥大学的毕业生，校长助理里特尔约翰是阿伯丁大学的文学硕士。这两个人都曾经对卢瑟福走上科学道路产生过深刻的影响。他的数学、化学等方面的良好基础，就是在这里打下的。

1889 年，卢瑟福考取了初级大学奖学金，次年年初便进入了新西兰大学坎特伯雷学院。在这里，数学和自然哲学教授库克、化学和物理教授毕克顿给了他科学思维方法和实验技术方面的基本训练。在坎特伯雷学院的四年中，卢瑟福曾多次获得奖励。1892 年，他取得了文学学士学位，同时得到了数学方面的高级大学奖学金。1894 年，他又以数学和物理两学科第一的成绩获理学硕士学位。

从 1893 年开始，卢瑟福的兴趣曾一度转向了生物学。他热心于进化论和生命起源的研究，并准备将来向医学科学发展。可是就在这年年底，他的研究方向又转到了电磁波。德国物理学家赫兹曾证明，通过空间可以把电磁波发送出去，发射这种电磁波并不困难，而检测这种波的仪器却存在技术难关。卢瑟福在一间地下室里开展研究工作，成功地设计了一部高效率的检波器，并用这个检波器第一次在新西兰实现了电磁波的接收。1894 年，他以《使用高频放电法使铁磁化》的论文获得了理科学士学位。同年，他又当选为新西兰科学学会会员。从此，这个二十三岁的青年人逐渐在科学界崭露头角。

汤姆逊教授的研究生

卢瑟福从坎特伯雷学院毕业的时候，英国已深感自己教育制度的落后和陈旧，开始采取一系列的改革措施。剑桥大学卡文迪许实验室的第三任教授约瑟夫·约翰·汤姆逊建立了从不列颠及其领地招收研究生的制度，并从 1895 年开始实行。恰好在这一年，卢瑟福获得了"1851 年博览会科学奖学金"，被选送到卡文迪许实验室进一步深造。

"1851 年博览会科学奖学金"是用维多利亚女王的丈夫阿尔伯特亲王在 1851 年于伦敦举办的国际博览会的部分盈利而创设的，专门奖励那些具有开拓性研究能力的大学生。卢瑟福得知获奖消息时，他正在地里挖马铃薯。他放下手中的锄头，高兴地喊道："这是我挖的最后一个马铃薯了！"

1895 年 9 月，卢瑟福作为来到卡文迪许实验室的第一批研究生，受到了汤姆逊的热情欢迎。他的极强的实验研究能力，恰好弥补了理论物理学家汤姆逊在实验技巧方面的欠缺。在汤姆逊的指导下，卢瑟福继续对自己所发明的检波器进行改进，并且在剑桥大学天文台检测到了从 3.2 千米之外的卡文迪许实验室发出的电磁波讯号。他的这种检波器，实际上是意大利物理学家马可尼后来所使用的检波器的基础。因此，卢瑟福也是发明无线电的先驱者之一。

可是，卢瑟福未能对无线电作进一步的研究。1895 年，德国物理学家伦琴发现了 X 射线，使本来就在从事气体导电和阴极射线研究的汤姆逊产生了极大的兴趣。他要求卢瑟福与他一起投入 X 射线的本质及其对气体导电的影响的研究工作。

卢瑟福于 1896 年上半年再次调转科学研究的船头，开始进行 X 射线的实验。他证明了气体在 X 射线作用下能够导电的原因，那是由于 X 射线使部分气体分子解离为数量对等的正负离子。接着，他又用紫外光检查放电，对铀辐射的现象进行了类似研究，取得了一些有益的结果。

正当这个时候，法国科学家比埃尔·居里及其夫人于 1898 年从沥青的铀盐中发现了比铀的放射性强一百万倍的新元素——镭。这一发现使正在从事射线研究的卢瑟福如获至宝。他立即着手研究，用镭来检验 X 射线。在研究铀辐射对气体导电的影响时，他发现了两种新射线，即 α（称为阿尔法）射线和 β（称为贝塔）射线。在 1898 年写成的一篇长达四十九页的论文《铀辐射及其产生的电传导》中，他宣布："铀的辐射是复杂的，并且至少存在两种不同类型的辐射——一种很易于被吸收，为方便起见，将它称之为 α 辐射；另一种穿透性更强，称之为 β 辐射。"这就是我们至今沿用的 α 射线、β 射线的最早由来。至于 γ（称为伽玛）射线的发现，则是由卢瑟福与法国科学家维拉德共同完成的。前者于 1898 年发现了它的存在，后者于 1900 年确认了它的存在，并鉴定了它在磁场中的不偏斜性。

后来，虽然在 γ 射线的发现问题上，汤姆逊和卢瑟福的一些朋友都极力为卢瑟福申辩，但卢瑟福仍把这一发现归之为维拉德。由此可以看出卢瑟福对于名利的超然态度。

麦克吉尔大学教授

1898 年 9 月，卢瑟福应加拿大的邀请来到蒙特利尔，担任麦克吉尔大学实验物理教授。

麦克吉尔大学创建于 1821 年。1893 年，由经营烟草业而致富的麦克唐纳为该校提供了一笔巨额资助，建成了一座规模宏大的物理大楼，并购置了价值 25000 英镑的实验仪器。按麦克唐纳的要求，新物理楼里的"每样东西都应是最好的"。第一任物理教授考克斯是英国剑桥大学三一学院管理委员会成员。第二任教授是由汤姆逊推荐的自己的一位出色的学生卡林达尔担任的。第三任教授便是卢瑟福，也是由汤姆逊推荐的。

卢瑟福到任以后，继续利用一切可能从事放射性研究。在不久的时间内，他便从对钍辐射的研究中发现了钍射气，并发现射气能使与它接触的其他物体产生放射性。

1900 年初夏，卢瑟福回到了阔别多年的新西兰，与玛丽·牛顿结婚。玛丽·牛顿是卢瑟福在坎特伯雷学院学习期间的一位房东的女儿。在卢瑟福到剑桥之前，他们已经私定终身。1901 年 3 月 30 日，他们唯一的孩子艾琳·玛丽出生，给这个和睦的家庭更增添了欢乐的气氛。

随着对射气研究的深入，卢瑟福越来越感到需要一位化学家的帮助。恰好在 1900 年 5 月，英国青年化学家索迪来到了麦克吉尔大学，担任了卢瑟福的化学讲师的职务。他们从钍中分离出了一种放射性比同重量的钍大千倍以上的新物质，并将这种物质命名为"钍 X"。它就是卢瑟福研究多年的钍放射性的主要来源。此后，他们又转向了铀和镭的放射性研究，从而初步确定了 α 射线的质量和能量，提出了放射性变化定律和放射性守恒定律，第一次发现原子内蕴藏着巨大的能量。

尤其重要的是，卢瑟福和索迪通过对放射性的系统研究，提出了放射现象是原子自行蜕变的理论。正是从这一理论出发，卢瑟福对旧原子论认为"原子是组成物质的基本单位"的说法产生了怀疑，承认了原子的可分割性。

然而，正是在这个问题上，他与索迪发生了意见分歧。在 1901 年 3 月召开的加拿大物理学会会议上，索迪由于坚持原子不可分割的观点而与卢瑟福发生了激烈的争论。

1903 年 5 月，卢瑟福发表了《放射性变化》的论文，将铀、钍和镭的衰变过程分为几个阶段，绘制成衰变家族的早期图谱，以明确表示出各放射性元素变化的继承关系。这是人类对元素种类、性质及其相互关系的认识上的一次重大突破。它不但说明了放射性元素在衰变过程中所释放的射线变成了什么样的新物质，测定了它们的半衰期，而且揭示了无机物质的量变和质变规律。

在麦克吉尔大学期间，卢瑟福还根据放射性元素蜕变过程释放能量的原理，初步推算出太阳的年龄为 50 亿年，这与今天所公认的 50—60 亿年基本吻合。在这个问题上，他又与英国著名的开耳芬勋爵发生了原则性的争论，因为开耳芬勋爵认为太阳的年龄只能根据引力作用下的收缩理论来计算。1904 年，卢瑟福还出版了他的科学巨著《放射学》，这本书一直是物理学界的经典性著作。

卢瑟福的一系列成就，受到了国际科学界的日益重视，并为他赢得了许多荣誉。1903年，他当选为英国皇家学会会员。第二年，他获得了皇家学会所授予的伦福德奖章。在世之前获得这一奖章的15名欧洲人，都是蜚声科坛的名人。从1903至1908年间，美国的哥伦比亚大学、耶鲁大学、斯坦福大学、史密斯研究所和英国的伦敦大学、爱丁堡大学、国王学院、国家物理实验室等都先后聘请卢瑟福去那里工作，但卢瑟福不愿意放弃麦克吉尔大学优越的实验研究条件，一一谢绝了各地的聘约。

卢瑟福的确打算在麦克吉尔大学长期工作下去。1906年，他在蒙特利尔西山的西北高地购买了一块土地，准备建造一所住房。然而，就在这个时候，英国曼彻斯特大学物理教授阿尔瑟·舒斯特的一封来信送到了卢瑟福的手中。舒斯特是一位颇为能干的物理学家，在他的主持下，曼彻斯特大学建成了世界一流的物理实验室。如今，他打算退休，决定辞去兰沃尔西物理讲座教授职务，并准备聘请卢瑟福来接任。

这一聘任不得不使卢瑟福为之动心。经过再三权衡，他终于接受了舒斯特教授的聘请，于1907年5月离开了工作过9年的蒙特利尔。

原子核的发现

在曼彻斯特大学，卢瑟福果然得到了十分理想的工作条件和环境。实验室拥有的电气实验设备和液化空气机，对于放射性研究有着至关重要的意义。在实验室工作的德国青年盖革是一个能力出众的实验家。舒斯特所设立的数学讲师席位，使卢瑟福有可能邀请著名生物学家查理·达尔文的孙子C·G·达尔文就任这一职务。

研究工作顺利地展开了。他们较为精确地测定了镭的半衰期。以后，在助手盖革和马斯顿等人的协助下，又利用计数器做了一个意义重大的实验，即在放射源（镭）与荧光屏之间，放一块薄金属片，由放射源放射出来的能量很大的粒子，能穿过薄金属片，射到荧光屏上。这时，从荧光屏上可以数出粒子的数目。卢瑟福发现，千分之一克镭每秒钟能放射出 136000 个 α 粒子，并证实了 α 粒子就是带电的氦原子。

这个实验的重大意义在于它第一次以确凿的事实证实了原子的存在。19 世纪末至 20 世纪头十年，物理学界曾发生一场原子论学派与唯能论学派之间的激烈论战。前者认为万物的本源是原子，原子是一种真实的存在；后者认为万物的本源是能，不相信原子的存在。卢瑟福等人用计数器观察到 α 粒子或氦原子的单个存在以后，这场争论才算以原子论学派的彻底胜利而告终。

不过，卢瑟福最大的成就，还是原子核和原子有核结构的发现。

当时科学界所流行的原子结构，是汤姆逊所提出来的"电子在均匀正电球体中沿各环旋转"的原子模型。1908 年，盖革和马斯顿发现了 α 射线被金原子大角散射的现象，引起了卢瑟福对汤姆逊的原子模型的怀疑。他从对大角散射的进一步研究中，产生了原子内有体积小、质量大的中心核存在的想法，并据此于 1911 年提出了一个类似太阳系结构的原子有核结构模型：原子中央是一个体积小和质量大的、带有正电荷的硬核，大量带负电的电子围绕着这个硬核旋转，就像行星绕着太阳旋转一样；原子越重，正电荷就越大，电子数也越多。在卢瑟福提出原子有核结构两年之后，丹麦科学家玻尔发表了《论原子和分子的组成》一文的三个部分，即著名的"三步曲"，提出了孤立原子系统存在定态能级，原子系统的定态能级间跃迁时必放出或吸收辐射，从而合理地解释了核外电子沿轨道运行的稳定性问题。因此，人们把原子有核结构模型称为卢瑟福一玻尔原子模型。

原子核和原子有核结构的发现，是物理学史上一个划时代的贡献。它宣告了原子核物理学的诞生，使卢瑟福成了核物理学的奠基人，也为人们深入探索原子结构打开了大门。

卢瑟福提出的太阳系式原子结构模型

卢瑟福对元素放射性和原子结构的研究，使他赢得了世界性的声誉。1908 年 12 月，诺贝尔奖委员会基于他在"元素蜕变和放射性物质化学方面的研究"成就而授予他 1908 年度诺贝尔化学奖。在授奖后的宴会上，卢瑟福幽默地说，他曾经处理过多个时期的许多不同的变化，但他遇到的最快的变化就是他自己在一瞬间由一个物理学家变成了一个化学家。1909 年，卢瑟福当选为大英科学促进协会数理学部主席，次年又当选为皇家学会理事会成员。1914 年元旦，卢瑟福还被封为爵士。但他却不愿意使用"卢瑟福爵士"这一称谓，因为他觉得自己永远是一个平凡的人。

从声纳的发明到人工核嬗变的实现

正当卢瑟福在自己的实验室里不断取得成果的时候，第一次世界大战爆发了。1915 年，卢瑟福被分配到海军部所属的发明和研究局，担任着研制一种可以监测敌方潜艇方位的设备的任务。他们首先研制了一个水听器，以接收潜艇产生的声音。后来，按照卢瑟福的思路，他们又制成了回声检测仪器，这就是后来所说的声纳，即用压电晶体产生高频超声波，这种超声波遇潜艇后又反射回来，由电放大器加以接收。当时，英国政府对这一代号为 ASDIC 的发明严格保密，而法国科学家朗之万却宣布了自己类似的发明，因而赢得了声纳的发明权。事实上，声纳应当是由汤姆逊的两个学生朗之万和卢瑟福分别单独发明的。战争结束后，几位朋友要卢瑟福宣布自己是声纳发明人，卢瑟福平静地回答说："如果朗之万说他首先发明了它，对公众来说就够好了。让朗之万具有这个荣誉吧。"

大战前夕，卢瑟福去澳大利亚出席大英科学促进协会年会。此时，青年实验物理学家马斯顿发现了 α 粒子从氢和空气等原子中打出反常的"氢粒子"的现象。卢瑟福得知这一消息后，立即返回曼彻斯特，打算对这一现象作进一步研究。战争的爆发及为战争服务的研究工作打乱了他的这一研究计划。直到 1917 年秋天，他才继续开展实验研究。这年 11 月 8 日，实验取得重大突破，证实了氮原子核被 α 粒子轰击后发生了分裂，放出了氢核。这是人类历史上首次实现的人工打破原子核的实验，从而为元素的人工嬗变和合成开辟了道路。只是由于战争的原因，卢瑟福直到 1919 年 4 月才系统地整理他的实验结果，写出了《α 粒子与轻原子碰撞》的论文，发表在这年 6 月份的《哲学杂志》上。

人工核嬗变的实现，使人们从对元素自发演化的客观认识进入到有意识地利用嬗变规律来实现元素的人工转变的时期。因此，玻尔认为，这一成就"揭开了物理和化学的一个新时代"。

加速器之父

1919 年，卢瑟福继麦克斯韦、瑞利勋爵和汤姆逊之后，担任了卡文迪许实验室第四任教授。在这里，卢瑟福带领他的学生和助手们进行着核物理实验。按照他的思路，布莱克特花了近三年的时间，首次发现用 α 粒子轰击氮核产生质子并使氮转变为氧同位素。1924 年 8 月，卢瑟福还发表了《关于元素人工蜕变的进一步实验》一文，指出核外存在一个引力与斥力转变的界面，只有 α 粒子能穿过这个界面，才能引起核的蜕变。这一发现，在原子物理和核物理发展史上具有重大理论与实践意义。

对原子结构长期而深入的研究，赋予了卢瑟福敏锐的洞察能力。从 1920 年至 1930 年的十年间，他先后预言了氢的同位素氘和氚及氦的同位素氦－3 的存在，后来全都得到了证实。他还预言了中子，并推测了中子的性质。1932 年，他的助手查德威克在这一预言提出十二年之后果然发现了中子，而且其性质也与预言相符。此外，卢瑟福还于 1922 年预言了正电子，这一预言也在十年后得到证实。

二十年代，原子物理和核物理的发展碰到了严重的障碍，以致出现了停滞不前的局面。其主要原因是由于自发的 α 射线能量太低，无法通过重元素和氧、碳等轻元素的引力与斥力的界面而引起核的人工嬗变，使一系列的实验工作无法进行。

1928 年，情况出现转机。苏联青年物理学家伽莫夫发现了著名的隧道效应，即在低能量条件下，会有极少数 α 粒子可以穿过引力与斥力界面而进入原子核。于是，卢瑟福便和考克饶夫、瓦尔顿一起商量，准备研制一种能使质子加速的高压倍加器，以便用经过加速的质子去作轰击重元素原子核的实验。

1932 年，他们终于制成了世界上第一台直线加速器。用加速的质子轰击锂核，发现锂核俘获一个质子，由锤－7 变成锂－8，然后又分裂成两个氦核。这是世界上第一次用加速器实现金属原子核的人工嬗变，从而揭开了重元素人工转变的序幕，标志着核物理的研究进入了一个新阶段。这一成就，使卢瑟福获得了"加速器之父"的美称。

1925 年，卢瑟福当选为英国皇家学会主席。在他五年的任期内，事实上领导了整个英国科学事业。1927 年，他担任了国家物理实验室委员会主席，1930 年又被任命为科学和工业研究部顾问委员会主席。在这两个岗位上，他对英国的实验室工作及技术和工业的发展作出了杰出的贡献。

作为一个伟大的科学家，卢瑟福几乎获得了一切科学家所能获得的荣誉。1922 年，皇家学会把它的最高奖——柯普利奖——授予了卢瑟福。1925 年初，他又获得了皇家学会的最高荣誉——功绩勋章。1931 年元旦，卢瑟福被封为勋爵，并当选为上议院议员。国外的几十所大学和科学团体都争相授予他荣誉学位和会籍。

苗圃与园丁

与卢瑟福的科研成就可以媲美的，是他在培养人才方面的贡献。仅就他直接培养了十一名诺贝尔奖获得者这一点而言，就足以使他在科学史上占有突出的地位。

在卢瑟福所培养的诺贝尔奖获得者中，除了英国的索迪、查德威克、阿普顿、鲍威尔、考克饶夫、瓦尔顿、布莱克特七人外，还有德国的哈恩、丹麦的玻尔、匈牙利的赫威西和苏联的卡皮查。卢瑟福所主持的麦克吉尔大学、曼彻斯特大学和剑桥大学的实验室，被公认为是培养优秀青年科学家的"苗圃",那么,卢瑟福自然是辛劳地工作在这些苗圃中的园丁。

哈恩是一名有机化学家。1905 年 9 月,他从德国来到加拿大的麦克吉尔大学向卢瑟福学习。在卢瑟福的影响和帮助下,他开展放射性研究,并且发现了射锕,以致成为德国最早的放射化学家。

回德国后,他终生从事放射化学研究,先后发现了多种放射性元素。后来,他以铀核裂变的发现而震动了世界。正是他的这一成果,导致了四十年代前期原子能大规模的释放。

玻尔是卢瑟福在曼彻斯特时期的学生。这位出生于丹麦的科学家,既具有欧洲大陆重视理论演绎的思维方法,又从卢瑟福那儿接受了英国式的从实验事实归纳出理论的传统训练,因而在研究工作中显出了过人的才华,并决定了他与卢瑟福的终生合作。卢瑟福提出了原子有核模型,玻尔则使量子理论与这一模型得到了完美的结合。玻尔在他的全部科研生涯中,始终把卢瑟福当作自己的楷模。卢瑟福领导科学研究的经验和模式,导致了玻尔的研究所和哥本哈根学派的出现。玻尔在 1922 年获得诺贝尔奖时,竟以无限感激的心情给卢瑟福写信说:"这些天,我是多么想念您。我强烈感到我蒙受您多大的恩泽,不仅因为您对我的工作的直接影响和您的灵感的启示,而且也为了从我有幸在曼彻斯特第一次遇到您之后十二年来的友谊。"

1937 年,卢瑟福去世时,玻尔急忙从意大利赶来吊唁。他在悼文中写道:"随着卢瑟福的去世,曾经在科学上工作过的最伟大人物之一的生命结束了。"

卢瑟福所培养的获得诺贝尔奖的外国科学家中,还有一个来自社会主义苏联的卡皮查。他是一名电气工程学家。1921 年,他去英国购买实验室设备,会见了卢瑟福,并表示愿意留在卡文迪许实验室工作。卢瑟福说:"招生人数已满,无法再收留。"

聪明的卡皮查问道:"教授,您的实验误差允许有多大?"

卢瑟福回答说："百分之五。"

"那您再多收一名学生，也还在实验误差之内呀！"卡皮查幽默地说。

卢瑟福欣赏他的聪明、机敏，破格收留了他。

从此，卡皮查就在卢瑟福的指导下，人事强磁场和低温物理研究。1929 年，他发现了金属电阻随磁场强度呈线性增长的卡皮查定律。他还发明了使氢、氦和空气液化的新原理和新方法。

卡皮查对卢瑟福深怀感激与敬佩之情。1933 年，当卢瑟福为他建立蒙德实验室时，他在实验室大门右侧雕刻了一条鳄鱼，以象征卢瑟福勇往直前的顽强科学精神。

1934 年夏天，卡皮查回苏联探亲时，竟被政府扣留，再也未能回到英国。卢瑟福虽为此大声疾呼，多方奔走，但最终没有解决问题。此后，卢瑟福又尽力为卡皮查创造在苏联继续开展研究工作的条件，以致使他成了一名世界著名的低温物理学家。

卢瑟福所培养的英国学生中，虽然有像发现中子的查德威克这样的佼佼者，但他最为器重的却是英年早逝的莫斯莱。此人一向刻苦自砺，具有非凡的实验研究能力。大学毕业不久，他就在卢瑟福的指导下，科学地确定了元素的周期律，证明了元素的顺序与核电荷大小的一致性。这一工作被卢瑟福誉为元素知识历史上的"一个突出的路标"。莫斯莱也被科学界同行认为最有希望获得诺贝尔奖。

然而，第一次世界大战的爆发，打断了他的科学梦。他报名参了军，在陆军任一名信号官，不幸于 1915 年 8 月 10 日的一次战斗中中弹身亡，时年 27 岁。

对于他的死，卢瑟福深为悲痛，认为这是"国家的悲剧"，是科学上"不可弥补的损失"。

实际上，卢瑟福对莫斯莱的培养和爱护，只是他对千千万万有才华的青年人的器重和爱惜的一个缩影，是他坦荡的心怀、火一样的热情的集中体现，也是他能造就十一名诺贝尔奖获得者的奥秘所在。

晚年的忧虑

卢瑟福在剑桥时期，荣誉已经达到了顶峰，工作的担子也愈益加重。尤其在他担任科学和工业研究部顾问委员会主席之后，除了继续从事基础研究之外，还不得不对工业的发展承担一定的责任。他的视野开始从实验室扩大到整个社会。

第一次世界大战之后，英国的状况使卢瑟福深为忧虑：在基础科学研究上处于世界领先地位的这个古老的国家，在技术上却日益落在了德国、美国等国家的后面，经济实力处在衰落之中。

卢瑟福认为，要挽回这种颓势，必须重视科学成果向应用技术的转变。为此，他大声疾呼："国家不仅应给予道德上的，而且应给予财政上的支持，以促进将科学知识用于增加工业过程的效率。"

为此，他力主建立一大批工业研究实验室。在他本人和他所领导的卡文迪许实验室遭到部分人的攻击时，他仍旧坚持自己的观点，反复地、耐心地解释科学与工业技术之间的相互依赖关系。

他还身体力行，把晚年的大部分精力投入到工业技术研究上。他在上议院提出了用煤制成石油及无烟燃料的建议。他在《自然》杂志上发表文章，提出了将辐射能转变为可见光的课题。他对木柴的加工利用进行了调查，对人造丝、塑料、电力等技术给予了充分关注，对用 γ 射线治疗癌症的研究给予了极大的重视……

繁忙的工作终于损害了他的健康。他多年患有疝气病，可却从未引起重视。他系着疝带，仍旧指导着研究工作，撰写科学论文，出席众多的会议，发表各类专题演讲。从 1928 年至 1935 年，他连续失去了父亲、唯一的女儿和母亲三个亲人，对他的精神产生了强烈刺激。他猛然间衰老了，强健的身体不断遭到病魔的袭击。

1937 年 10 月 14 日，他感到胃气胀痛和恶心。第二天被送进剑桥医院后，又出现了肠阻塞并发症，因此而接受了手术治疗。

17 日，病情加重，连续呕吐，出现肠麻痹性膨胀。

19 日，病情进一步加重，心脏和血液循环系统衰竭。傍晚，这位举世闻名的伟大科学家，这个新西兰人民的伟大儿子，终于永远闭上了自己的眼睛。

他去世之后，美国科学家、回旋加速器的发明者劳伦斯在《纽约时报》上这样评价了他一生的主要功绩："在目睹整个科学史上这个最伟大革命的一代人中，他被普遍认为是原子内极其不定的复杂宇宙的主要探索者，他是第一个进入这个宇宙的人。"

八、宇宙的开拓者爱因斯坦

物理学的第三次革命

在 17 世纪到 20 世纪的近三百年间，物理学完成了三次伟大的革命。第一次革命发生在 17 世纪下半叶，这就是经典力学的创立，其代表人物便是英国物理学家牛顿。第二次革命同样发生在一百多年后的英国，即由法拉第和麦克斯韦创立了电磁场理论。第三次革命则是在 20 世纪初所诞生的相对论和量子力学。这次革命的两个代表人物阿尔伯特·爱因斯坦和麦克斯·普朗克都出生在德国。

如果从 1905 年来比锡出版的《物理学纪事》刊出爱因斯坦的《论动体的电动力学》这一著名论文算起，那么相对论的诞生已近一个世纪了。今天，即使在十二三岁的孩子中间，相对论的概念也会引发他们这样的联想：一个人坐着高速火箭到宇宙空间去旅行，在经历了数十年的遨游重返地球时，他竟然还像当初出发时一样年轻，而他那从未见过面的孙子却已鬓发斑白了。

不错，这就是爱因斯坦所发现的时间相对性原理，是相对论的一个重要结论。但如果把相对论仅仅表述为这种时间的相对性，那却是远远不够的。它的内容要丰富得多，深刻得多，以致无法用简短而通俗的话来加以概括。相对论创立的初期，世界上很多大科学家也都莫解其中奥秘。那时法国科学家朗之万有一个说法：全世界只有十二人能懂相对论。

这种说法的真实性究竟如何，我们可以姑且不论。但相对论作为一种科学思想，确实代表了当时人类的最高智慧。

那么，什么是相对论呢？

我们知道，在牛顿力学中，时间、长度和质量都是绝对的、不变化的量；质量和能量各有守恒定律，但它们之间却互无关联。这些概念，到了爱因斯坦的相对论中，完全发生了革命性的变化。爱因斯坦在长期探索的基础上，推翻了牛顿的绝对时间和绝对空间观念，提出了两条基本原理。

第一，相对性原理：时间的流逝和空间距离的大小不是绝对不变的，而和测量者所在参照系的运动速度有关，是相对的。

第二，光速不变原理：光在真空中的传播速度是一个不变的常数 C，它和光源的运动速度没有关系，和观察者的运动速度也没有关系（这里讲的都是匀速直线运动）。

根据这两条原理，爱因斯坦作出了只适用于惯性系的狭义相对论的几个重要结论：

1. 钟慢尺缩。一个坐在火车上旅行的人，他的手表走时要比未乘火车的人变慢了；他的身体尺寸，也沿着运动方向缩小了。

然而，在日常生活中，我们谁也没有观察到这样的现象，这是为什么呢？其实不难理解，因为我们日常所接触的都是低速运动，钟慢尺缩现象微乎其微。如果有一把一米长的尺子放在以每秒三百米的速度飞行的喷气式飞机上，它只是缩短了二十亿分之一毫米。这架飞机上的钟表，一年也只慢了十万分之一秒。这种微小的变化当然不容易被觉察到。但如果这把尺子和这只时钟是放在以每秒二十六万千米的速度运行的光子火箭上，一米的尺子就成了半米了，时钟也比地球上的钟慢了一半。火箭的运动速度若非常接近每秒三十万千米的光速，这种钟慢尺缩现象就更为明显了。这就出现了我们常在科幻小说中见到的怪事：一个乘光子火箭旅行的人回到地球时，竟比他的孙子还年轻。

2. 质量随速度增加。一个乘火车的人，在地面上的人看来，其重量增大了，正如高速运动的电子，其质量要比静止电子的质量大一样。

当然，同样由于我们日常只接触低速运动，所以感觉不到质量的增加。即便两人都乘坐在高速运动的光子火箭上，他们也不可能感到对方和自己重量的增加，因为他们相对于火箭来说，都处于静止状态，质量不可能增加。

3. 质量和能量相互转化。一切质量都有能量，一切能量都有质量。能量 E 和质量 m 的关系就是著名的爱因斯坦方程：

$$E=mc^2$$

其中，为光速，是个极大的数。这就是说，很小的质量中，便蕴藏着很大的能量，即使像我们平时所见到的砖头、泥土、铁块中，都有着无比巨大的潜能。我们把一千克煤完全燃烧，可释放八千千卡的热量，能烧开几十千克的冷水。但它的这部分被释放的能量，仅是其全部能量的很小一部分而已。若把它的潜能全部释放出来，竟是二十六万六千亿千卡的巨大数字，相当于一个大城市几年所消耗的电力。当然，现在我们还无法把物体中的能量全部释放出来，这还只是一个写科幻小说的题材。

狭义相对论建立起来以后，爱因斯坦又用了十年的时间，对加速系的惯性力场和引力场进行了研究，从而把相对论由惯性系推广到了非惯性系，建立了广义相对论。

要解释清楚广义相对论，的确比解释狭义相对论更加困难。这里我们也只能举出一个最重要的结论，这就是引力场的每一点附近都局部地等价于一个惯性力场，也就是等价于一个相对于惯性系作加速运动的非惯性系，二者之间只有空间时间结构的某种不同。说得更具体一点，就是在引力场中，四维空时是弯曲的，其曲率由物质的分布所决定。这样

一来，爱因斯坦就对牛顿的引力理论作了修正，从根本上取消了引力这个概念，否定了物质产生引力的说法，而代之以物质引起空间时间弯曲的新理论。牛顿的惯性定律，也有了新的表述："不受外力作用的时候，质点的运动在四维空时中的轨迹是一条短程线。"

上面的这番叙述，也许根本无助于我们对广义相对论的理解。虽然如此，我们仍不打算对它作进一步的解释。因为广义相对论确实是伟大智慧在深厚的科学基础上的结晶，以致连爱因斯坦本人也直言不讳地承认："要是我没有发现狭义相对论，也会有别人发现的，问题已经成熟了。但是我认为，广义相对论的情况不是这样。"

在暂时抛开了相对论的具体内容以后，我们回过头去追寻一下这位伟大学者的成长足迹，也许会给我们诸多的启示和教益。

从罗盘到毕达哥拉斯定理

阿尔伯特·爱因斯坦于1879年3月14日出生在德国南部一个叫乌尔姆的小城。父亲海尔曼·爱因斯坦和母亲泡琳都是犹太人。靠着父亲和叔父雅各布工程师合开的一家经营化学药品与电器的小作坊，全家的日子还算过得去。孩子出生一年以后，他们便迁居到慕尼黑。

可是，忧虑很快笼罩了这个家庭。小阿尔伯特已经三岁了，却还不会说话。父母怀疑孩子是傻子，四处求医问药，终究毫无效果。直到四五岁了，眼看到了快上学的年龄，孩子仍旧说不出一句完整的话来。

有一次，阿尔伯特病了，父亲给他一个小罗盘玩。他捧着这个盒子翻过来调过去地观察，发现那根红色的小指针始终不听自己的指挥，总是指着一个确定的方向。于是，他惊讶得大叫起来："我看这根指针周围一定有什么东西在推它！"这似乎是阿尔伯特出生以来所讲过的最长、最完整的一句话。

以后，阿尔伯特进了一所天主教会所办的小学。他那沉默寡言的性格和犹太人的血统，使他在学校里受尽歧视和侮辱。他常常遭到老师和同学的责骂，"蠢猪"、"笨蛋"等言词不绝于耳。有一次，父亲领着他去见校长，恭敬地问道："校长先生，您看这孩子将来该选择什么职业呢？"父亲得到的回答

爱因斯坦十二岁时与叔叔在一起

却是冷酷无情的："干什么都一样，反正不会有出息！"

可是，阿尔伯特的叔叔雅各布却不这样看。他发现孩子有热爱自然、探究事物规律的兴趣和能力，因而总是竭力对他进行诱导和培养。爱好音乐的母亲也发现孩子有对音乐的敏感和欣赏能力，并从六岁开始教他学拉小提琴。

十二岁的时候，阿尔伯特正在路提波德中学上学。有一天，雅各布叔叔给他画了一个直角三角形，然后又给他写出了一个公式：$AC^2 = AB^2 + BC^2$，并且解释说："这是两千多年以前的毕达哥拉斯所证明了的一个定理。孩子，你也来试试看！"

这时候的阿尔伯特根本没有学过几何，但却被这个定理的证明迷住了。一连三个星期，他总是坐在自己的小书桌前冥思苦想，最后，居然找到了正确的答案。

阿尔伯特第一次体验到了发现真理的快乐。随着这种快乐所滋长起来的，却是追求真理的决心和勇气。

这以后，一个俄国的犹太学生塔尔梅送给了阿尔伯特一本几何教科

书。他爱不释手地一口气把它读完了。那严密的逻辑力量完全俘虏了这颗幼小的心灵。如果说，那只奇怪的罗盘只是使他对自然的规律性感到惊讶的话，那么，这本"神圣的几何小书"却把他领进了一个逻辑思维的美妙世界。

接着，阿尔伯特又自学了《高等数学》、《力和物质》、《自然科学通俗读本》等著作。每一本书，都为他打开了一扇新的窗户，使他观察到了一片新的天地。物理、化学、生物学和天文学，把一个秩序井然的世界展现在他的面前，而把学校向他灌输的宗教感情驱除得一干二净。

除了阅读大量的自然科学读物以外，他还广泛涉猎了许多文学作品，歌德、海涅、席勒的诗歌，托尔斯泰、陀思妥耶夫的小说，都曾经使他受到强烈的感染。他决心以一往无前的精神，与愚昧和偏见作殊死的斗争。

十六岁的爱因斯坦，头脑里就开始盘旋着这样一个问题：如果我以光的速度同光一道往前跑，会不会看到在空间振动着的电磁波呢？

实际上，这就是爱因斯坦狭义相对论的思想萌芽。

从慕尼黑到苏黎世

也就是在十六岁那年，爱因斯坦生活的道路上骤然掀起了一阵风浪。他父亲所开办的工厂倒闭了。海尔曼·爱因斯坦先生不得不带着妻子和女儿远离慕尼黑，到意大利米兰去投奔亲戚。

为了让儿子取得路提波德中学的毕业文凭，父亲仍把阿尔伯特留在慕尼黑上学。

远离亲人的阿尔伯特·爱因斯坦感到了从所未有的孤独。在路提波德这所兵营般的学校里，他的理想、感情都毫无寄托，甚至在他忧伤和愤懑的时候，连个躲藏的角落也找不到。同学们因为他是犹太人而歧视他，老师们则因他"生性孤僻、智力迟钝"而凌辱他。当寂寞、痛苦一齐向这个未成年的学生压过来的时候，他终于无法忍受了。他希望回到父母的身边，而且也设想了如何利用自己数学成绩优异的优势到米兰去寻求新的出路的方案。可就在这时，校方却给他加上了一个"败坏班上风气"的罪名，勒令他退了学。

这对阿尔伯特来说，也许并不是一件坏事。他来到了米兰，来到了一个充满自由、欢乐的环境。在这里，他可以贪婪地阅读文学作品，可以尽情地饱览湖光山色，可以自由自在地沉思、探索。那些过去被压抑了的思想，此时却如山洪奔泻，无法遏制。他开始思索光和以太的问题。按照当时一学者的观点，光是在一种被称作以太的物质中传播的。可是，谁见过以太呢？这种无所不在的东西为什么又如此神秘莫测呢？于是，他提笔写下了一篇题为《关于磁场中的以太的研究现状》的论文，寄给了住在比利时的舅父。这位未来的物理学革命家已经在开始锻造手中的利剑了。

可是，他的这些野马般的思绪却碰到了现实的坚硬岩石上。意大利的经济不景气，家庭生活拮据，无钱供他上学。父亲对他说："扔掉你那些哲学上的胡思乱想吧，赶快学一点实实在在的东西，将来好当个电机工程师。"

电机工程师的目标虽然没有让他动心，可上大学却是他所向往的。当他听说瑞士的联邦工业大学有很好的学习环境和气氛之后，他那上大学的愿望便更加强烈起来。

1895年秋天，阿尔伯特·爱因斯坦登上了开往苏黎世的列车，决意到那里去投考联邦工业大学。

谁料出师不利，虽然数学成绩非常优秀，可那些需要强记的功课——法文、植物学等——都考得很糟。

名落孙山之后，他不得不到离苏黎世不远的阿劳镇的一所中学去补课。第二年夏天，他终于如愿以偿，考入了联邦工业大学师范系。

生活道路上的危机总算过去了，而思想上的危机又在困扰着他。在联邦工大，他结识了两个朋友，一个是瑞士的马尔塞尔·格罗斯曼，一个是意大利的贝索。他们三个年轻人在一起谈论科学和哲学，谈论人生和艺术，谈论古人和今人，常常甚为投机，简直有说不完的话。

有一次，贝索手里拿着一本奥地利物理学家所著的《力学》，激动地对爱因斯坦说："牛顿在他的《原理》中说，时间是绝对的，空间也是绝对的。绝对的意思就是和一切事物都没有关系。既然如此，你又怎么知道时间和空间存在呢？"

爱因斯坦对牛顿的这个观点也早就怀有异议了。在听了贝索的这番议论之后，他也接着陈述了自己的意见："牛顿把绝对的时间和空间归结为神的意志，康德则把时间和空间说成是先验的。这两种说法本质上是一样的，先验就是神的意志。一旦躲进了先验的神山，物理学家就无能为力了。我们要把绝对时间和绝对空间从先验的神山上拉下来，再用我们的经验去检验它！"

这个年仅二十的学生，居然准备向有二百多年历史的牛顿力学挑战了。

"奥林匹亚科学院"轶事

本世纪的头一年，爱因斯坦取得了联邦工业大学的文凭。也正是从这一天开始，他被投进了失业者的队伍。

为了维持生计，他不得不四处奔波，希望谋求一个当教师的职业。他用秀丽的小字写下了一封接一封的求职信，寄到各地的中学和大学，然后静候佳音。然而，回信很少；即便接到回信，也并未给他带来好消息。

1901 年，爱因斯坦取得了瑞士国籍，但这并未改变他的处境。这年，他在一个叫温德都尔的小城的一所中等技术学校里谋到了一个代课教师的职位，可没过几个月，因为他在该城的居民册中的"宗教信仰"栏里填上了"无信仰"几个字，结果就被这所学校打发走了。

由于生活贫困，父亲的身体一天比一天差，爱因斯坦本人也患上了肝炎病。在极度的绝望中，他曾经设想过最后一条路：拿起小提琴，挨家挨户去演奏。他在给一个同学的信中，怀着十分悲愤的心情，用幽默的语言表述了自己的遭遇。他写道："上帝创造了驴子，给了它一张厚皮。这使驴子的处境比我有利……"

在这种贫困和屈辱的处境中挨过了一年多以后，在1901年年底的一天，他的女友米列娃遇上了他在大学的那个瑞士同学格罗斯曼。她向格罗斯曼叙述了爱因斯坦的遭遇，并请求他能给予帮助。

格罗斯曼便立即求助于自己的父亲，老格罗斯曼又去求助于自己的一位朋友——伯尔尼市联邦专利局局长弗里德里希·哈勒。

哈勒决定对爱因斯坦作一次面试，然后才确定是否录用。他拿了几份专利申请书，要爱因斯坦当场提出意见。爱因斯坦对这个问题的回答并未使局长先生感到满意，然而当话题转入物理学时，他的宏论高见却使这位局长大为震惊。也正是凭着这一点，爱因斯坦才堂而皇之地成了伯尔尼专利局的专利审查员。

就在他等待正式上班的空当儿，他决定去当家庭教师来糊口。于是，在伯尔尼的许多建筑物上出现了这样的广告："阿尔伯特·爱因斯坦，联邦工业大学毕业，讲授物理课，每小时三法郎，愿者请洽。"

当这条广告进入了伯尔尼大学学生莫里斯·索洛文的眼帘以后，事情却发生了戏剧性的变化。

索洛文是罗马尼亚人，来伯尔尼大学学习哲学。他希望能增长一点物理学方面的知识，以帮助他加深对哲学的理解。

1902年复活节那天，索洛文来到了爱因斯坦居住的那个小阁楼。

在听了索洛文的自我介绍之后，爱因斯坦高兴地说："你学哲学，爱好物理；我学物理，爱好哲学。这太好了!"就这样，他们开始面对面地攀谈起来。

老师和学生，对物理学和哲学的见解竟是那么一致，竟使他们忘记了时间的流逝，足足聊了两个小时。在索洛文告辞回家时，爱因斯坦下楼为之送行。他们继续着刚才的话题，在街道上来回蹓跶着，议论着，又不知不觉地度过了一个半小时。

第二天再见面时，他们还是有说不完的话。此时此刻，他们再也不是师生关系了，而成了一对好朋友。爱因斯坦则把每小时三法郎的报酬早已抛之脑后。他干脆对索洛文说："坦白说吧，你不用听物理课了，讨论问题更有趣。我随时都欢迎你来聊天。"

不久，从夏夫豪森来的一个年轻人哈比希特以及联邦工业大学的老同学贝索也先后加入了他们讨论问题的队伍。他们轮流在各人的家里聚会，有时也到一家便宜的小咖啡馆"奥林匹亚"去见面。这几个年轻人，谈论的是当代科学和哲学中的重大问题，从休谟、斯宾诺莎、马赫、庞卡莱的哲学著作到黎曼的《几何学基础》，都是他们研究和争论的对象。在这个小天地里，没有权威，没有教条，只有理性和真理。有时一本著作没有念上几段，就引起了热烈的争论。他们一边嚼着桌子上为数不多的面包或香肠，一边喷吐着香烟的浓雾，一边反驳着对方或书本上的观点。只有在对某一个问题的讨论告一段落之后，这种吵嚷声才会停息下来，而以朗读塞万提斯或狄更斯等人的文学作品来代替休息。有时，还由爱因斯坦拉一段莫扎特的奏鸣曲，或由索洛文吹奏长笛，以放松大家绷紧了的思绪……

这些年轻人把自己的团体戏称为"奥林匹亚科学院"。"奥林匹亚"既是那个小咖啡馆的名称，也是希腊神话中众神居住的山名。然而，他们更喜欢把这种聚会称为"快乐学院"，"学院"的"院长"，自然就是爱因斯坦了。

在不知不觉中，聚会竟成了一种制度。有一次，轮到在索洛文家聚会，而他却要去听一位外地来的音乐家的音乐会。为了表示歉意，他在桌上留下了一些熟鸡蛋和别的食物，并用拉丁文写好一张纸条："最亲爱的朋友们——请吃鸡蛋，并致敬礼！"

半夜，索洛文回到家里，发现房间里已搅得乱七八糟，一堆燃烧着的草稿纸还在地上冒着烟雾。墙上则钉着一张纸条。那是爱因斯坦的笔迹，同样是用拉丁文写的："最亲爱的朋友——请尝浓烟，并致敬礼！"

3月14日是爱因斯坦的生日。朋友们特意买来了爱因斯坦最喜欢吃的俄国鱼子酱。可当鱼子酱端到他跟前时，他却正在滔滔不绝地评论着牛顿的惯性定律及其物理解释。

演说结束，爱因斯坦在桌面上划了一个大问号。这时，鱼子酱早已在他演说的过程中被吃完了。

"你知道你刚才吃的是什么东西吗？"朋友们问他。

"不知道，是什么呀？"爱因斯坦似乎刚刚挣脱理性思维的漩涡。

"是鱼子酱呀。"朋友们回答。

"哎呀，难道真是鱼子酱！"爱因斯坦异常惋惜，"可见，平民百姓是不配吃山珍海味的。"

"不，是'惯性运动'在作祟。"朋友们开玩笑说，引起了一阵满堂哄笑。

在晴朗的夏夜，他们的例会常常延续到午夜之后。他们徒步登上伯尔尼南面的古尔金山，指点着夜幕上的满天星斗，讨论着大地构造和天文学方面的问题。直至他们登上山顶，喷薄欲出的太阳已经在东方等待着他们。

相对论的诞生

伯尔尼联邦专利局审查员的职务，不仅使爱因斯坦获得了衣食之源，更重要的是给了他较为充足的时间。他每年得到了三千五百法郎的薪金，而一天的工作又只要三四个小时就可以完成。余下的时间，他可以用来钻研物理学和哲学问题，下班之后还可以照常与朋友们聚会，继续当他的"奥林匹亚科学院院长"。

然而，联邦专利局的风气并不好。上班时工作拖拉、说笑话、聊天，几乎成了常事，只要躲过了局长的耳目，一切都泰然处之。但若有人想研究一点问题，钻研一点书本，便会被人认为是大逆不道的事情，甚至有被解雇的可能。

爱因斯坦为了遮人耳目，总是在办公桌上摆满了账本和专利资料，而在账本和资料的下边却藏着他正在阅读和研究的书籍。他把抽屉拉开一条缝，又把纸裁成了一张张小纸条。他在这些纸条上偷偷地进行计算，又把写满了算式的纸条一张一张地塞到抽屉里去。一听到脚步声，他就动作神速地关上抽屉，摆出一副正在专心工作的姿态。那情景，就像一个学生在数学课上偷偷阅读小说一样。这种提心吊胆的研究工作当然不是滋味，但他却因此而躲过了局长一次又一次的检查。

1903年之初，爱因斯坦与米列娃结了婚。爱因斯坦在克拉姆胡同四十九号所租的那套便宜的房子，就是他俩的新家。婚礼完毕，新婚夫妇开始向这个新家走去。到了门口，爱因斯坦一摸衣兜，才发现自己竟然忘记了带钥匙。他只得回头寻找，而把米列娃孤零零地扔在门口等待。米列娃知道，忘记带钥匙，已是爱因斯坦的老毛病了。早在苏黎世上大学时，他就常常被锁在门外，而不得不在三更半夜叫醒房东太太起来开门。没想到，他竟在结婚的这一天也患了这个老毛病。"唉，这个人，他的头脑里在想些什么呢？"

这个米列娃所不理解的问题，却是在爱因斯坦的中学时代便已存在了。那时他所提出的以光的速度去追赶光的问题至今不但没有得到解决，而且似乎进一步复杂化了，变得更加头绪纷繁，更加难于理解。光是什么呢？它是怎样传播的？"以太"真的存在吗？"绝对时间"和"绝对空间"又该作何解释？这一系列的问题始终萦绕在他的脑际，甚至折磨得他寝食不安。

这都是关系到经典物理学根基的问题。在牛顿力学出现后的二百多年内，经典物理学一直被认为是无懈可击和十全十美的。可是，后来的麦克斯韦又在法拉第研究的基础上，预见了电磁波；著名的迈克尔逊实验，又彻底否定了"以太"的存在；马赫、波尔兹曼、洛伦兹、庞卡莱等科学家都感到了经典物理学的危机，进行过一番征战，但都跳不出牛顿力学的框子，有的甚至陷入了自相矛盾之中。

物理学出现了危机，科学家们在致力于寻求出路。爱因斯坦正是这支"突围部队"中的一员年轻的猛将。

在他结婚一年多以后，米列娃生下了一个男孩。他们给儿子取名为汉斯·阿尔伯特。

小汉斯的出世，虽然给家庭带来了欢乐，但也给爱因斯坦加重了负担。他常常一手抱着孩子，一手作着计算；一边用小车推着儿子散步，一边思考着物理学的问题。他的衣兜里始终装着纸片和铅笔，一旦偶有所获，便立即掏出纸笔记下来。

就在这时，柏林大学的普朗克教授作出了惊人的发现，他通过"黑体辐射"实验，测定了电磁波的能量，并把它称之为"量子"。这一发现宣告了"量子论"的诞生。爱因斯坦由此受到启发，提出了光量子假说，成功地解决了许多物理学问题。然而，关于"绝对时间"和"绝对空间"的问题，却仍然是个谜。

他思索这个问题已经足有十年之久了。多少次"山重水复疑无路"，多少次"雪拥兰关马不前"；多少次希望和失望的轮回，多少次欢乐和苦恼的交织；多少次通宵达旦的探求，多少次灵魂出窍的追踪……

1905年6月的一天夜间，爱因斯坦又躺在床上翻来覆去地睡不着，脑子里仍在盘旋着那个问题。突然，眼前闪现了一片亮光，接着，黑暗裂开了，五颜六色的光芒集中投射到了一点，形成了一个冉冉升起的太阳……

他立即翻身起床，看了一眼正在熟睡中的妻子和儿子，然后走到另一个房间，开始了在油灯下的写作。

心中积蓄十年之久的山洪，终于在这一夜爆发了。它冲出狭谷，越过山岩，流过平川，奔腾直下，势不可挡。爱因斯坦手中的笔在不停地飞驰，桌上的稿纸在一张一张地积聚。此后一连经过了五个星期，一篇题为《论动体的电动力学》的论文，在他的笔下完成了。

这是一篇具有划时代意义的论文。它宣告了相对论的诞生，催动物理学第三次革命的战马，打破了绝对空时观念对人们的长期束缚。

这一年，爱因斯坦一共写成了四篇论文。一篇使他获得了联邦工业大学的博士学位，一篇证明了分子的存在，一篇发展了普朗克的量子论，使他获得了诺贝尔奖金。最后的一篇则开创了物理学的新纪元，使一个专利局的小职员的名字，从此与科学巨人牛顿的名字并列在一起！

1905 年，科学史上光辉的一页！

学术界的风波

相对论的创立，在学术界引起了一场不小的风波。无论支持这种理论、怀疑这种理论和反对这种理论的人，都在同时惊呼着同一个名字：阿尔伯特·爱因斯坦。

《论动体的电动力学》一文在法国的《物理学纪事》上发表的时候，普朗克教授正卧病在床。他读过这篇论文，不禁为它的大胆和深刻所感动。他从病床上站起来，喃喃自语说：不能再生病了，这哪里是生病的时候啊！此后不久，他果然就在柏林大学的物理讨论会上介绍起相对论来了。

除了普朗克之外，格廷根的明可夫斯基教授、巴黎的朗之万教授、维尔茨堡的维恩教授，也都从相对论中看到了物理学的新曙光，开始研究和传播这一新理论。

尤其值得一提的是明可夫斯基。这位数学家在联邦工业大学任教时，曾当过爱因斯坦的老师，也曾为爱因斯坦常常不去听数学课而骂过他"懒胚"。没想到事别三日，当刮目相待了，如今这个专利局的小职员竟作出了如此辉煌的贡献。打那以后，他在悉心研究爱因斯坦的论文的同时，并对狭义相对论作了数学处理，使之变得更加完美了，也指明了通向广义相对论的道路。

可是，事情也正如普朗克在写给爱因斯坦的一封信中所说的那样："论文发表之后，将会发生这样的战斗，只有为哥白尼的世界观进行过的战斗才能和它相比。"对相对论采取怀疑和反对态度的人确实大有人在。

曾经为挽救物理学的危机而作出过不懈努力的洛伦兹和庞卡莱就陷入了一种矛盾心态。洛伦兹一方面赞扬相对论，一方面又对爱因斯坦彻底消除了"以太"的幽灵深为遗憾。庞卡莱则对相对论保持着令人难堪的沉默。

实证主义哲学家马赫更是如此。他在批判牛顿力学的时候已经接近了相对论的边缘，可他如今却断然否定相对论与自己的理论有任何关系。

除了这些人之外，作为"原子理论之父"的玻尔也长期对相对论持怀疑态度。物理学家伦琴在一封信中坦率地说："我怎么也想不到要用这种完全抽象的推论和概念去解释自然现象。"

对于相对论的攻击，要数后来成为德国法西斯分子的魏兰德最为猖獗。他纠集了一帮人，成立了"德国自然哲学家研究小组"，到处作公开演出，印发文集，在报刊上发表文章，咒骂爱因斯坦耍江湖骗术，自卖自夸，抄袭剽窃。实际上，这个所谓的"德国自然哲学研究小组"，不过是一个排犹组织。他们仇视爱因斯坦，只不过因为爱因斯坦具有犹太人的血统；对于相对论，这帮人是一窍不通的。

对于魏兰德之流的攻击，爱因斯坦一直采取不屑一顾的态度。有一次，魏兰德在柏林音乐厅声嘶力竭地攻击相对论，在场的爱因斯坦竟然不动声色，泰然处之，最后只是付之一笑。

他没有时间和精力去对付这些无赖之徒。在狭义相对论创立之后，爱因斯坦立即转向了一个新的研究领域——广义相对论。当时，他正在研究引力问题：引力到底是怎样产生的？这是牛顿力学留下的又一个谜案，是比"以太"之谜更难解开的一个谜。他必须为此付出全部精力，要从这个问题入手把狭义相对论从惯性系推广到非惯性系去。

当然，爱因斯坦作为一个具有国际声望的科学家，也时常碰到一些庸俗的吹捧者。有一次，在海牙的德国大使馆招待会上，有一位傲慢矜持的荷兰贵妇人居然向爱因斯坦讨好。她故作文雅地说："我很喜欢您的书，因为我崇拜一切神秘主义的东西。"

听了这种恭维话，爱因斯坦就像吃了苍蝇一样感到恶心。他冷冷地回答说："神秘主义——这大概是我的理论中唯一没有的毛病。"

这既是对那位贵妇人的回答，难道不也是对魏兰德之流的回答么？

在科学巨人的行列中

爱因斯坦仍旧每天到专利局去上班，对于广义相对论的思索与研究，仍旧要躲过局长的耳目，或下班以后关在屋子里进行推理和计算。

1906 年 4 月，爱因斯坦由三级审查员提升为二级审查员，年工资相应增加到 4500 法郎。

科学家们为爱因斯坦的处境感到不平了。苏黎世联邦工业大学教授克莱纳和著名科学家普朗克都先后写推荐信，想为爱因斯坦在大学里谋取一个职位。1908 年，德国自然科学家和医生协会理事拉登堡到伯尔尼大学访问，不客气地对校方说："瑞士教授联合会中竟然没有爱因斯坦，这使我惊奇！"

科学家们的呼吁总算产生了一点影响，就在这一年年底，爱因斯坦成了州立伯尔尼大学的兼职"编外讲师"。1909 年 7 月，日内瓦大学向他发出邀请，请他参加 350 周年校庆活动。同年 9 月，他又应邀参加德国自然科学家和医生协会的第 81 届年会，并作了学术报告。在这里，他在诸多科学巨人中找到了普朗克，创立量子论和相对论的两双巨手第一次握到了一起。以后，爱因斯坦便被苏黎世联邦工业大学聘为副教授。

教授生涯，并未给他带来欢乐。他仍旧过着穷困的日子，家庭生活中也颇多摩擦，小儿子爱德华的出世，也没能改变他与妻子的紧张关系。尤其是大学那种刻板式的传统教学方法，丝毫也不能引起爱因斯坦的兴趣。

两年后，他又接到从奥匈帝国波希米亚省省会布拉格发来的聘书，请他去当布拉格德国大学的正教授。

爱因斯坦欣然应聘。此时，格罗斯曼已当上了联邦工业大学的教授，他打算请爱因斯坦回校主持一个新开设的数学物理讲座。放射性元素镭的发现者居里夫人和庞卡莱也都在写信推荐爱因斯坦，荷兰的两所大学、柏林的帝国学院、美国的哥伦比亚大学也都纷纷邀请爱因斯坦前往任教。

在这么多的邀请中，爱因斯坦选择了自己的母校——联邦工业大学。他希望通过与格罗斯曼的合作，彻底解开引力之谜。于是，他们全家于 1912 年秋天重新回到了苏黎世。

1911 年秋天，比利时化学家和工业家索尔维利用自己巨额的财富，邀请欧洲的二十多位著名物理学家到布鲁塞尔开会，就"物理学危机"的问题交换意见。爱因斯坦也在被邀请之列，他以奥匈帝国皇家大学教授的身份出席了会议。

这真是一次群星的聚会。普朗克再次见到爱因斯坦，显得异常兴奋。他高兴地介绍说："德国来了能斯特、维恩，法国来了居里夫人、朗之万和庞卡莱，英国来了卢瑟福和金斯，荷兰来了洛伦兹和昂内斯……"

对，就是这位昂内斯教授，在十年前爱因斯坦向他求职的时候，曾经给他吃过闭门羹。如今，他正站在爱因斯坦旁边，不免有些歉疚和难堪。他自嘲道："现在该由我来给你当助教了。你十年前写给我的那张明信片，我至今还保留着。将来把它送到博物馆去，让后人看看我这个老头子当年有多糊涂！"

爱因斯坦同居里夫人的见面也是第二次了。第一次是在日内瓦大学350周年的校庆活动中。居里夫人见到爱因斯坦向她走来，便主动地迎了上去。她摘下那副经常戴在手上的黑手套，指着手上的斑斑伤痕，笑着对爱因斯坦说："这就是放射性的功劳，你的公式的证明。"说着，她还用手指在空中轻巧地写出了爱因斯坦方程："$E=mc^2$"。

从首届索尔维会议之后，爱因斯坦与这位"镭的母亲"的交往越来越多了。

1913 年 3 月，法国物理学会邀请爱因斯坦去讲学。他是同米列娃一同去的。到了巴黎，居里夫人则成了他们的导游兼保护人。

为了答谢居里夫人的热情照顾，爱因斯坦又邀请居里夫人一家到瑞士这个美丽的国度来度暑假。

有一次，他们去攀登阿尔卑斯山，沿着一条巨大的裂缝攀上了一座悬崖。正当居里夫人在观赏那险峻的风光时，她的手突然被爱因斯坦抓住了。她一惊，不知发生了什么意外，但见爱因斯坦指着悬崖平静地对她说："夫人，我想要知道，假如吊索断了，一架升降机从这里坠入深谷，里面的乘客会有什么感觉呢？"

听了这话，在场的孩子们都哄然大笑。他们以为爱因斯坦又在说笑话呢！

然而，居里夫人却知道，爱因斯坦又在考虑那个引力问题，而这是关系到相对论发展的大问题啊！

"我是和平主义者"

在索尔维会议上，爱因斯坦给普朗克留下了极深的印象。普朗克感到，只有把爱因斯坦请到柏林来，柏林才能成为世界上名副其实的物理学研究中心。当时已经担任普鲁士科学院领导职务的普朗克把这个想法商之于能斯特教授，得到了他的支持。于是，这两位学术界的权威人物决定亲自出马，到苏黎世去说服爱因斯坦。

1913年夏天，两位学者在商定了诱人的"钓饵"之后，就风尘仆仆地去拜访爱因斯坦了。

首先说明来意的是普朗克。他用颇有些激动的声调对爱因斯坦说："你的生身之地，你真正的祖国在等待着你！"

对于德国，对于柏林，爱因斯坦不无怀念之情，尤其是柏林比较完善的文化设施和优越的科研条件，更对他有较大的吸引力。可他也知道，军国主义分子正在把德国变成一个大兵营，柏林更是普鲁士军国主义的中心。战争的阴影中随时都可能跑出魔鬼来。

"可我是一个和平主义者"，爱因斯坦回答道，"德国是不是不大欢迎呢？"

"我们想到的是物理学家，相对论的创立者……"普朗克故意回避这一不愉快的问题。

"但是，"爱因斯坦打断了普朗克的话，"相对论是不算数的。朗之万说过，全世界只有十二个人懂得相对论。"

机敏的能斯特立即插话了："这十二个人里，却有八个在柏林呢！"

他的话引起了三个人的一场哄笑。

普朗克趁机亮出了"钓饵"：选爱因斯坦为普鲁士科学院实任院士，年薪一万二千马克，请他出任正在筹建中的威廉皇帝物理研究所所长；

聘他为柏林大学教授，授课与否，由他自便。

如此优惠的条件，不能不使爱因斯坦为之动心。但他却说："你们把我当做良种母鸡，想把我买到柏林去多多下蛋。可是我自己却不知道能不能再下蛋呢！"

无论能不能再下蛋，爱因斯坦终究被这个"下蛋"的愿望引到了柏林。

在这里，爱因斯坦终于完成了广义相对论的研究，并在1916年的《物理学纪事》上发表了《广义相对论基础》的论文。接着，他的思想又转向了宇宙结构的问题，转向了星球围绕太阳的运动，转向了光线掠过太阳表面时的偏转角度的研究。

就在他潜心于科研工作之时，窗外传来了隆隆的炮声，第一次世界大战爆发了。德国这部巨大的战争机器开始了疯狂的运转。在"为保卫祖国而战"的口号声中，全国开始卷入战争的漩涡。

全世界都在抗议德国侵犯比利时的中立。英国、法国的报纸登出大字标题："我们爱歌德和贝多芬的德国，我们恨卑斯麦和威廉二世的德国。"对此，德国有93名著名学者和文人，起草了一个《告文明世界书》作为答复，为政府的战争政策作辩护。

对于彭加勒、勒纳德等人在文告上签字，爱因斯坦并不感到惊奇，可当他发现文告上有X光的发现人伦琴、进化论者赫克尔、量子论创立者普朗克的签名时，他心里禁不住涌起一股苦涩的滋味。更令他难受的是，他的好友能斯特竟然当了国防部顾问，穿上了少校军装，亲自参与研究杀人武器。

无论如何，爱因斯坦决心抗拒这股潮流。他与另外三位科学家发表了《告欧洲人书》，与《告文明世界书》相抗衡，号召人们团结起来，共同制服战争恶魔。

此时，法国进步作家罗曼·罗兰表示了反战的态度。为了同他取得联系，爱因斯坦于1915年春天给他写了一封信；秋天，他又到瑞士的日内瓦与这位作家会面，就德国和世界的前途交换了意见。

战争虽未中断爱因斯坦的研究工作，可却给他的家庭带来了不幸。米列娃带着孩子走了，后来导致了他们的离异。在战时的艰难日子里，只有他的表妹爱丽莎给了他生活上的照顾。

1918 年秋天，德国爆发了士兵起义和工人罢工，前线也开始崩溃，德意志帝国被推翻了。在社会民主党人正准备建立苏维埃共和国之际，右翼社会民主党人抢先窃取了革命成果，革命领袖李卜克内西和罗莎·卢森堡遭到了杀害。

爱因斯坦对这些剿杀革命的刽子手感到极为愤慨，并因此而成了反动势力迫害的对象。但他并不打算在德国最困难的时候离开它。这只"良种母鸡"，还打算要在德国下出更多的"蛋"来。

科学思想的新大陆

爱因斯坦的广义相对论究竟是否正确？空间是否能够发生弯曲？这些问题在一些学者中还存在着怀疑。

还是在 1916 年的时候，荷兰莱顿大学教授德·西特曾把《广义相对论基础》寄给了英国皇家学会。这引起了著名天文学家、剑桥大学教授爱丁顿的注意。这位教授懂得，爱因斯坦关于星光掠过太阳表面时会产生一点七秒的偏转的预言如能得到证实，广义相对论的正确性也就无可置疑了。

天文预报表明，1919 年 5 月 29 日将发生日全蚀。这是观测星光是否偏转的极好时机。于是，在这之前，两支由英国皇家学会派遣的观测队便分别到达了大西洋两岸的普林西比岛（非洲）和索布腊尔（南美洲）。前者由爱丁顿率领，后者由另一位天文学家克劳姆林率领。

这一天到来了，可普林西比的天空阴云密布，继而又下起了大雨。

爱丁顿忧心如焚，却仍旧始终把照相机的镜头对着天空。

中午过后，雨停了，浮云逐渐散去，日蚀现象开始显露出来。爱丁顿不失时机，一声令下，照相机便在三百零二秒的时间内，连续拍下了十六张照片。

爱丁顿小心翼翼地把照片冲洗出来，又一张张地拿到灯光下进行观察。在头几张照片上，星星仍旧隐藏在浮云之中，照片上模糊一片。第八张、第九张，直到第十三张，星星的影像还是不很清楚，无法作出判断。爱丁顿几乎要绝望了，心儿在剧烈地跳动着。当他拿起最后一张照片时，他脸上的愁云立即一扫而光。几颗星星清晰地显现在照片上。这张照片证明，星光在掠过太阳表面时，确实存在一点七秒的偏转角。

去索布腊尔的观测队带回来的结果，与爱丁顿的结果基本一致。

两支观测队回到英国后，皇家学会和皇家天文学会于 1919 年 11 月 6 日举行了联席会议。英国科学界的泰斗们会聚一堂，共同对观测结果进行了评议。

会议的主持人、皇家学会会长汤姆逊爵士用激动人心的声调致词："爱因斯坦的相对论是人类思想史上最伟大的成就之一——也许是最伟大的成就……这不是发现一个孤岛，这是发现了新的科学思想的新大陆。"

接着，皇家天文官代逊代表两位观测队长宣读观测报告。他讲到，日蚀的观测结果与爱因斯坦预言的一点七秒偏转角十分一致；他肯定，空间是弯曲的，爱因斯坦的广义相对论是正确的；他断言，牛顿为我们勾画的宇宙图景应该改变了……

这时，挂在讲坛上方的那幅牛顿画像，似乎正在聚精会神聆听着报告人的每一句话。但是人们却无法看出，面对此情此景，这位科学史上的巨人究竟是感到震惊，还是感到欣慰。

世界名人的烦恼

世界上的许多报纸都在以头条新闻报道爱因斯坦的相对论。爱因斯坦的寓所一下子变得热闹非凡，每天从早到晚都有记者来访问，这批刚打发走，那批又接踵而至。一些摄影家、画家、雕塑家也来敲门，为的是要塑造爱因斯坦的形象。最可怕的是信件。每天，邮差都要把成捆的信件向他投来，而未及作答的信却已堆积如山。这些信件，除了一部分是向他请教之外，不少则是为了得到他的照片和签名。

市场上出现了"爱因斯坦式"的雪茄和"相对论牌"的香烟，母亲则把自己新生婴儿取名为"爱因斯坦"。一股不可遏止的爱因斯坦热，已经在世界各地兴起。

爱因斯坦成了真正的世界名人，而他个人的生活却仍然和过去一样，马马虎虎，毫不讲究，头发是凌乱的，裤子上满是皱折，皮鞋的后跟早就磨歪了。在与爱丽莎结婚之后，他家的家具和室内陈设虽然逐渐讲究起来，但他的那间工作室里却仍旧杂乱无章。

对于那些雪片似的信件，爱因斯坦想出了一个对付办法：请慈善机构代办讨照片和签名的信。凡捐了钱的，就可以拿到爱因斯坦教授签名的照片。至于那些求教的信件，他自己则尽力给予回答。

对于那些找上门来的不速之客，则只能靠爱丽莎去对付。这样总可以挡住大部分来访者。

对于报纸、杂志上的那片喧闹声，爱因斯坦则采取不予理睬的态度。可当《泰晤士报》请他写一篇介绍相对论的文章时，他却感到义不容辞。他要借此机会感谢英国同行对一个敌国科学家的理论的验证，要在一片"牛顿被推翻了"的叫喊声中，表达自己对牛顿的敬意。他在文章中写道："人们不要以为，牛顿的伟大工作能被这一理论或者任何别的理论所代替。他伟大而明晰的观念，作为自然哲学领域里整个近代概念结构的基础，将永远保持它独特的意义。"

在整篇文章写完之后，他想到一些报纸上对他的恭维，想到自己难于对付的处境，似乎感到意犹未尽，于是又加了一条附注："贵报上关于我的生活和为人的某些报道，完全是出自作者活泼的想象。为了适合读者的口味，这里还有相对论的另一种应用：今天，在德国我被叫做'德国科学家'，在英国我就是'瑞士犹太人'。要是我成了一个讨人厌的倒霉蛋，那么就要倒过来了。对于德国人来说，我就要成为'瑞士犹太人'，对于英国人来说，我却要变成'德国科学家'了。"

应各国的邀请，爱因斯坦还到过许多地方去旅行和讲学，如荷兰的莱顿大学、美国的普林斯顿大学、英国的皇家学会、法国的巴黎大学等等，此外还到过印度和中国。荷兰女王、美国总统、日本天皇、比利时国王都给过他盛情接待。各种荣誉证书、各种各样的奖章纷纷送到了他的手中。在旅途中，他还得到了荣获 1921 年诺贝尔物理学奖金的消息。后来，他把这笔巨款全部寄给了他的前妻。

有一次，他的儿子爱德华不解地问他："爸爸，说真的，你为什么那么出名呢？"

爱因斯坦听了哈哈大笑，然后又郑重其事地回答："你看，瞎甲虫在球面上爬行的时候，察觉不出它走的路是弯曲的。我呢，正相反，有幸察觉到了这一点。"

还有一次，一个年轻人向他请教取得成功的秘诀。他随手写了一个公式作为回答：

$$A = X + Y + Z$$

他还解释说："A 表示成功，X 代表艰辛的劳动，Y 代表正确的途径和方法。"

"那么，这个 Z 呢？"青年人急切地问。

爱因斯坦思考了一下，答道："Z 代表不说空话。"

爱因斯坦之所以在科学上取得如此卓越的成绩，不也正是按照这个公式行事的么！

牛顿始终值得尊敬

在相对论问世之前的二百多年中，经典物理学一直被人们视为终极真理，视为一座完美的科学大厦。这座大厦的建造，却又是以牛顿力学为基础的。

然而，在相对论创立之后，科学界的舆论逐渐发生倒转，以为经典物理学被推翻了，牛顿被打倒了。

其实，这只是部分人的误解。相对论并不是对牛顿力学的彻底否定，而只是抛弃了"以太"、"绝对空间"、"绝对时间"、"万有引力"等错误观念，对经典物理学作了革命性的改造，既打破了牛顿力学的神秘色彩，也归还了牛顿力学应有的地位。相对论告诉人们，牛顿力学并非"终极真理"，而实实在在地存在着局限性。在解决宏观、低速运动的问题时，牛顿力学有它无可置疑的实用性和准确性。正如爱因斯坦所说："牛顿的各种发现，已进入公认的知识宝库。"

对于牛顿本人，爱因斯坦则始终怀着钦佩和崇敬的心情。在 1927 年纪念牛顿逝世二百周年时，他在一篇文章中写道："我们觉得有必要在这样的时刻来纪念这位杰出的天才，在他以前和以后，都还没有人能像他那样地决定着西方的思想、研究和实践方向。他不仅作为某些关键性方法的发明者来说是杰出的，而且他在善于运用他那时的经验材料上也是独特的，同时他还对数学物理学的详细证明方法有惊人的创造才能。由于这些理由，他应当受到我们的尊敬。"

对于牛顿力学的局限性，爱因斯坦也采取唯物的、历史的眼光作了公正的分析。他认为，牛顿所发现的道路，在他那个时代是一位具有最高思维能力的人所能发现的唯一道路。

爱因斯坦是最懂得批判与继承的关系的科学家。他敬重牛顿，却又不把他当作偶像；他重视经典物理学的成就，却又不把它当作万古不变的教条；他批判了牛顿，超越了牛顿，却又想到将来还会有人批判和超越他自己。因此，在一篇《自述》中，爱因斯坦这样喊出了自己的心声："牛顿啊，请原始我！"

当然，牛顿也是有缺点的人。有一次，一位科学史专家曾同爱因斯坦谈起牛顿因万有引力定律和因微积分的发明权而先后同胡克和莱布尼兹所发生的争执，并把这种争执归究为"虚荣心"。爱因斯坦既不去为牛顿的这些问题作辩护，也不想对他作过多的指责。他只是反思说："虚荣可以有许多不同的表现形式。人家常说我没有虚荣，但这也是一种虚荣，一种特殊的虚荣心呢！你看，我不是感到一种特殊的自负吗？真像小孩子一样幼稚呢！"

这位科学巨人坦荡而磊落的心襟，不是由此可见一斑么！

价值两万马克的脑袋

爱因斯坦在美国讲学期间，德国的政局发生了剧烈的变化。1933 年 1 月 30 日，希特勒就任德国总理。不久，以这个恶棍为首的纳粹党徒就制造了所谓"国会纵火案"。他们放火烧掉了柏林的国会大厦，却把它嫁祸于共产党，发动了对共产党人和犹太人的大屠杀。爱因斯坦则被指控为"犹太国际阴谋家"、"共产国际阴谋家"，他在柏林郊外的卡普特别墅被抄了家，所有存款被没收。

这年春天，爱因斯坦从美国回到欧洲，当他到达比利时首都布鲁塞尔的时候，他从一本德国出版的画册上看到了自己的照片，那照片下面的说明文字后面有一个括弧，括弧里面是四个小字："尚未绞决"。

实际上，迫害爱因斯坦的阴谋在德国早就开始了。早在 1920 年，柏林就组织了一个以勒纳德为头子的"反爱因斯坦同盟"，其后台就是反动的民族主义者魏兰德。1930 年，勒纳德之流重操就业，拼凑队伍，编了一本《反对相对论百人集》。对此，爱因斯坦一直不以为然。他没有时间去对付这些胡搅蛮缠的家伙。见到那本《百人集》后，他也只是付之一笑："要是我的理论错了，有一个教授就能证明，何必兴师动众，抬出一百个人来呢？"

　　如今的情况不同了，希特勒的上台，德国的反动势力更加嚣张了。纳粹分子不仅焚烧了他的著作，而且还出两万马克的赏金要他的脑袋。

　　面对这种情况，爱因斯坦一方面仍旧表现了大无畏的乐观态度，一方面却又不得不认真加以对待。在见到那个判处他绞刑的消息时，他用手掐住自己的脖子，咯咯地笑了，仿佛绞刑是一件十分惬意的事情。在听到他的脑袋可以卖两万马克的赏钱时，他又指着自己的头说："这个头能值那么多钱吗？"不过，无论如何，他决定不再回德国去了。他公开声明辞去普鲁士科学院院士的职务，宣布放弃德国国籍。

　　对于自己的生死，爱因斯坦是很少考虑的。他最关心的是遭到希特勒虐杀的犹太同胞。集中营里的惨状，煤气杀人炉里的浓烟，绞刑架下的尸体，始终浮现在他的眼前。

　　科学界的朋友们曾劝他保持沉默，可是在这种情况下，保持沉默不就等于与匪徒们同流合污吗！

　　他曾经提出过一个"百分之二"的口号，认为只要有百分之二的人拒绝服兵役，战争就打不起来。可是，他的这个梦想已经破灭了。希特勒已在欧洲燃起了战斗，把灾难推向全世界。在这种情况下，如果我们不拿起武器，奋勇战斗，那又如何能扑灭战争的火焰呢？

　　有一天，爱因斯坦收到一个法国青年的来信，请他出面向比利时政府交涉，释放两名因拒绝服兵役而遭到逮捕的比利时青年，因为这两个青年正是佩戴着"百分之二"的徽章而被捕的。

这时候的爱因斯坦，已放弃那个"百分之二"的主张了。他在报纸上发表了公开信，作为对那个法国青年的回答。信中说："如果我是比利时人，在目前的形势下，我不会拒绝服兵役。我将愉快地参军。我相信，这将有助于拯救欧洲的文明。"

这表明，和平主义者的爱因斯坦，已转变为反对法西斯战争的勇敢战士。

伟大的良心

1933 年 10 月 7 日，爱因斯坦偕妻子爱丽莎、助手梅厄博士和秘书艾伦·杜卡斯，登上了"西部号"客轮，踏上了去美国的旅程。此后，他便成了美国东部小城普林斯顿的新居民。

普林斯顿因为有了爱因斯坦而名声大震。普林斯顿的高等研究院则因有了爱因斯坦而成了世界最著名的数学和理论物理研究中心。

普林斯顿高等研究院是教育家弗莱克斯纳在两位百万富翁的资助下创办起来的。为了提高教育质量，这位教育家决定以高薪聘请世界上最知名的学者来执教。当他们谈到薪金问题时，爱因斯坦说："一年三千美元大约够了。"

弗莱克斯纳一听，急了："不行，不行，这和教授的身份不相称。"

由于弗莱克斯纳的坚持，经过同爱因斯坦"讨价还价"，最后才定为年薪一万六千美元。

爱因斯坦住在梅赛街 112 号的一栋两层小楼里。从此，这里便经常有来自世界各地的来访者，他们中有政治家、作家和科学家，也有各式各样的要求帮助的人。

1936 年春天，波兰青年物理学家英菲尔德来到了普林斯顿。这个犹太青年来找爱因斯坦，是为了请求他为自己找一份工作。正是在爱因斯坦的帮助下，他才得到了在高等研究院进修一年的机会。

可是，一年的时候很快过去了，他又面临着寻找职业的问题。当时的波兰也是法西斯当政，反犹势力猖獗，英菲尔德无法回到自己的祖国，可留在普林斯顿又生活无着。

就在这进退维谷的时刻，爱因斯坦再次伸出了援救之手。他对英菲尔德说："我在外面还有点名气，可以请某个机构为你筹一笔奖学金；我也可以自己出钱，请你当我的私人助手。反正，我挣的钱也花不完。"

英菲尔德一听，激动得不知说什么好。他只觉得，站在自己跟前的这位满头银发的老人，不仅是世界上最伟大的科学家，也是世界上最伟大的良心！一年来，他在爱因斯坦身边学习和工作，不但在学术上受益匪浅，而且在为人处世方面也深受教益。他不忍心去分享爱因斯坦的那份收入，也不忍心让这位老人为自己的生计而花费过多的心血。

"不，不。我从您这里得到的东西已经够多了，怎么还能让您出钱供养我呢？"

几天之后，一个绝妙的主意跳进了英菲尔德的脑海：与爱因斯坦合写一本关于物理学思想发展史的通俗读物。只要有爱因斯坦的大名，该书一定会畅销，稿费收入就足够自己生活一两年了。

他的这个想法终于得到了爱因斯坦的支持，这就是那本由爱因斯坦和英菲尔德共同署名的《物理学的进化》一书的来历。

事实上，受到过爱因斯坦帮助的犹太人远非英菲尔德一人。在法西斯猖獗的欧洲，有许多被迫害的犹太人都来到美国请求爱因斯坦的帮助。每逢这种情况，爱因斯坦总是尽其可能，力求使自己的同胞摆脱困境，以致发生了这样的笑话：有一次，美国一家医院要聘请一名 X 光专家。一个犹太人来要求爱因斯坦帮忙，爱因斯坦给他写了一封推荐信。不久，又有一个犹太难民来请求帮忙，爱因斯坦又写了一封推荐信。这样，爱因斯坦一共写了四封推荐信，介绍四个犹太人去争取同一个职位。后来，爱因斯坦的这种推荐信实在写得太多了，使得一些用人单位无法应付。

当一些犹太难民怀揣着爱因斯坦的介绍信，沾沾自喜地来到美国、英国的一些大学里寻求工作时，校长秘书总是给他们当头一瓢冷水："快收取你的介绍信吧，每个人都有这样的一封介绍信！"

在许多人的眼里，爱因斯坦成了犹太人的保护神。

1952年，爱因斯坦的老朋友、以色列首任总统魏茨曼去世。一天晚上，爱因斯坦接到一个记者打来的电话："听说要请您出任以色列共和国总统，您会接受吗？"

"不，我当不了总统。"爱因斯坦斩钉截铁地回答。

"总统的职位是象征性的，并无多少具体事务。教授先生，您是最伟大的犹太人，是全世界最伟大的人，由您担任以色列总统，象征犹太民族的伟大，再好不过了。"

"不，我干不了。"爱因斯坦还是那句话。

电话刚挂上，以色列驻华盛顿的大使又把它接通了。大使受以色列总理之托，请求爱因斯坦当总统候选人。

爱因斯坦不得不向大使解释说："关于自然，我了解一点；关于人，我几乎一点儿也不了解。我这样的人，怎么能当总统呢？"

在电话中遭到拒绝后，大使仍不肯罢休。11月8日，他手持总理的信件，来到梅赛街112号，正式提请爱因斯坦为以色列共和国总统候选人。爱因斯坦不得不在报纸上发表声明，说明让他继续同自然界打交道比当总统更适合一些的道理。

玻尔和费米的忧虑

1939年1月17日早晨，爱因斯坦一边吃早点，一边心不在焉地翻阅着德国出版的最新一期《自然科学》杂志。突然，一篇题为《论铀在中子轰击下所形成的碱土金属的鉴别及其行为》的论文引起了他的注意。

这篇论文的作者是德国威廉皇帝化学研究所所长哈恩和他的助手施特拉斯曼。他们介绍了自己的实验结果：被中子击中的铀中出现了钡。

爱因斯坦刚读完论文，著名的原子物理学家玻尔突然来到了他的家中。这位在丹麦首都哥本哈根工作的玻尔，一直是哥本哈根学派的首领。过去，在对量子力学的解释方面，他与爱因斯坦存在过长期的争论。他这次的突然来访，使爱因斯坦感到惊异。他见到玻尔那忧虑的神情，不免问道："欧洲有什么新闻吗？"

"不，我们不谈欧洲，我们谈物理。物理学发生了一桩不可思议的事情。"

"是九十二号元素铀吗？"爱因斯坦已猜到了几分，问道。

"是的。"玻尔说，"按照您那 $E=mc^2$ 的公式，每个铀核分裂的时候，要发出两亿电子伏特的能量，这与我的原子模型在理论上是非常吻合的。"

爱因斯坦听了玻尔的叙述，陷入了沉思之中。他想起了十八年前发生在布拉格的一件往事：一个青年人找到他，说自己根据 $E=mc^2$ 的公式，发明了一种原子核能爆炸装置。当时，他对这个青年人的发明并不感兴趣。他认为，要从技术上实现原子能的释放，恐怕是百年以后的事情。没想到，事情的发展竟有如此之快。$E=mc^2$，无穷无尽的能量，在一刹那间，不可遏制地向我们冲来，把成千上万的人烧成灰烬……不，不可能！轰击原子核，就像黑夜中在飞鸟稀少的地区打鸟，命中率是极低的。哈，这回被哈恩打中了几个，可我们需要的是一网打尽……

他虽然在这样想，可内心还是感到忧虑。如果大量释放核能的实验真的成功，希特勒一定会用它来作杀人武器。事实上，德国的一些科学家正在作这种努力。

玻尔的忧虑更甚于爱因斯坦。他一踏上美国国土，就把哈恩的实验告诉了从意大利逃到美国的原子物理学家费米。费米从裂变理论方面研究了这一发现，提出了关于中子的假说，即当铀裂变时，可以放出中子，以轰击另一个铀原子，从而造成一连串的反应，直到铀原子完全裂变为止。这就是所谓的链式反应。

费米教授知道这种链式反应可能带来的严重后果，于是决定到美国海军部报告研究情况。可海军军械部长胡柏将军不懂什么"中子"、"链式反应"，对费米的报告并无兴趣，只是向教授道谢，请他"继续努力"。

与此同时，爱因斯坦在柏林时的学生、匈牙利犹太人西拉德教授也完成了链式反应实验。他相信希特勒一定要利用这一成果来制造威力无比的新式炸弹，给人类带来灾难。

1939 年 6 月，西拉德和他的同事维格纳特地来到美国的纽约，会见了正在长岛避暑的爱因斯坦，向他陈述了自己的实验结果和对此事的担忧。

爱因斯坦终于感到了问题的严重，于是问道："你们打算怎么办？我能做些什么呢？"

西拉德正在等着他的这句话呢，于是答道："请您敦促比利时王后，不把比属刚果的铀矿石卖给德国，并提请美国政府重视铀的研究。"

"美国政府能听我这个瑞士侨民的话吗？"爱因斯坦疑惑地问道。

西拉德说："费米教授已到海军部去过，没有结果。可您却不同了，有谁能拒绝您的请求呢！您的名字具有一种特殊的力量！"

爱因斯坦在给总统的信上签名

维格纳教授出了一个主意，他说："我们起草一封给罗斯福总统的信吧，只要签上您的名字就行。时间很紧迫，您了解哈恩他们，决不是吃闲饭的！"

爱因斯坦用拳头托住下巴，额头上出现了数不清的皱纹。他又在沉思了。

光荣和耻辱

不久，西拉德第二次来找爱因斯坦，商谈给总统写信的事。

"大自然把原子能禁锢着，我们有权利把它释放出来，用它去杀人吗？"爱因斯坦还是忧心忡忡。

"美国研究原子能，只是为了自卫，为了对付德国法西斯制造原子弹。"西拉德自信地说。

"但是，如果我们制造出原子弹之前，德国法西斯已经完蛋了呢？"

"那么，这种炸弹就将封存起来，永远不使用。"西拉德还是那么自信。

在西拉德会见爱因斯坦的时候，距第二次世界大战的爆发仅有两个月的时间。德国法西斯已经占领了奥地利和捷克，把波兰置于自己的控制之下，英国和法国也都面临着挑战。

西拉德回到家，当即起草了一封给罗斯福总统的信，由爱因斯坦签名后，便请经济学家、罗斯福总统的密友萨克斯博士亲自交给总统。

1939年10月11日，当萨克斯见到总统时，第二次世界大战已经爆发。萨克斯给总统朗读了爱因斯坦的信：

总统阁下：

　　我读到了费米和西拉德近来的工作研究手稿，这使我预计到，元素铀在最近的将来，将成为一种新的、重要的能源。考虑到这一情势，人们应当提高警惕。必要时，还要求政府方面迅速采取行动……

爱因斯坦还谈到，铀可能被用来制成一种威力极大的新型炸弹，并建议加速美国的研究工作。

罗斯福听着，脸上出现了严肃的表情。只因他当时太累，才约定萨克斯第二天早晨再来白宫商谈。

第二天，萨克斯给罗斯福讲了一段历史故事：美国发明家富尔顿发明了轮船。他知道拿破仑皇帝想征服英国，就建议法国建一支舰队，以横渡英吉利海峡。可拿破仑却对此置之一笑。皇帝陛下的这一失误，竟然改变了欧洲19世纪的历史进程。

罗斯福总统毕竟不是拿破仑皇帝。当天晚上，美国就成立了一个委员会。十天之后，陆海军代表与科学家们举行了第一次联席会议。1945年7月16日，美国新墨西哥州的沙漠上，第一次升起了原子弹爆炸的蘑菇云。

然而，这时的反法西战争已经取得了决定性的胜利。德国人终因经费和铀矿的不足，而未能研制成原子弹。按照爱因斯坦的初衷，美国当然也失去了使用原子弹的必要。但他万万没有想到，就在这年的8月6日，美国的一架B29飞机竟在日本的广岛投下了一颗原子弹。两天后，第二颗原子弹又在日本的长崎爆炸。千千万万的和平居民遭到了屠杀，广岛和长崎化作了一片焦土！

爱因斯坦听到这个消息，简直如雷击顶，一下子惊呆了。他的双脚像被钉死在地上，完全不能动弹。他的秘书杜卡斯把他扶到了沙发上。此时的爱因斯坦，就像一尊大理石雕像。

报纸上开始把爱因斯坦称作"原子弹之父"，那是因为他的公式 $E=mc^2$ 奠定了原子弹的理论基础，也是因为他给罗斯福总统的信促进了美国的原子弹研究。这究竟是他的光荣，还是他的耻辱？连他自己也无法回答了。他的内心里唯一剩下的就是悔恨、愤怒和悲伤。

当他从这种情绪中挣脱出来以后，他便一刻也没有停止过反对使用原子武器的活动。10月27日，他向记者发表谈话，号召各国政府和人民拿出理智来，制止原子弹的使用，并建议把原子弹的秘密交给联合国看管。12 月 10 日，他在诺贝尔聚餐会上，发表了慷慨激昂的演说：

> 物理学家们发现，自己的处境和诺贝尔很相像。诺贝尔发
> 明了一种威力空前强大的炸药——一种特别有效的毁灭手段。
> 为了消弥这个"成就"，为了宽慰自己的良心，他创立了诺贝尔
> 奖金，促进和平事业……至今，我们没有和平的保障，也没有
> 大西洋宪章所许诺的种种自由。仗是打胜了，但没有赢来和
> 平……

在冷战的年代里，他领导组织"原子科学家非常委员会"，大声疾
呼，向全世界人民说明核战争对于人类生存的严重威胁。直到他生命的
最后时刻，他还与英国哲学家罗素共同发表宣言，号召制止不义的战争。

永无止境的追求

还是在 1938 年 10 月的一天，纽约郊外国际博览会的工地上，许多
人在挖一口深井。他们要把一个钢筒放到十五米的深井里掩埋起来。钢
筒里放的是用特殊颜料写在特殊纸张上的文件。它们经过化学处理，可
以防火、防潮。工程完毕后，地上树起了一块石碑。那石碑上的文字，
是要求人们在五千年以后，再把这些文件挖出来，昭示全人类。

在那些文件中，便有一份是罗斯福总统请爱因斯坦所写的《告后人
书》。它的全文是：

> 我们这个时代产生了许多天才人物，他们的发明可以使我
> 们的生活舒适得多。我们早已利用机器的力量横渡海洋。利用
> 机械的力量，我们终将使人类从繁重艰辛的体力劳动中解放出
> 来。我们学会了飞行。利用电磁波，我们很方便地从地球的一
> 个角落同另一个角落互通信息。

> 纵然有这一切，我们的商品生产和分配却完全无组织。人

人都生活在恐惧的阴影里，生怕失业，遭受悲惨的贫困，而且不同国家的人民还不时互相残杀。因此，一想到未来，大家都忧心忡忡。所有这一切，都是由于群众的才智和品格，比起那些对于社会真正有价值的少数人来，是无可比拟地低下。

我相信，后代将怀着自豪的心情和理所当然的优越感来读这一封信。

阿尔伯特·爱因斯坦
1938年8月10日

这篇《告后人书》的文字不长，但却说明了爱因斯坦的复杂心理。他为我们时代的科学技术成就而感到自豪，也为资本主义制度下的不平等和非正义战争而感到愤懑。他寄希望于后人，相信未来世界的美好。这正是爱因斯坦后半生的心情的生动写照。

正是怀着这种愤世疾俗的心情和对美好未来的追求，他把自己的全部时间和精力都投入争取人类平等自由的社会活动和探究宇宙秘密的统一场论的科研工作之中。

然而，他始终徘徊在失败和成功之间。他无力改变整个社会，他也无力制止战争。但在科学上，他却取得了辉煌的成就。他的名字永远跻身于那些最伟大的人物之列。

在纽约赫德逊河畔的一所大教堂的石墙上，人们雕刻了人类有史以来的六百位巨人像，其中有十四名科学家，爱因斯坦即在其内。

还是在筹备雕刻工作的时候，曾经请各国的著名学者推荐十四位科学巨人。寄来的名单虽然各不相同，但每一份上都有爱因斯坦的名字。在最后确定的十四人的名单中，唯有爱因斯坦是一位活着的人。

然而，这位巨人也已老了。在普林斯顿，他的助手一个个来了，又一个个走了。他的妻子爱丽莎和妹妹玛雅也都早已离开人间。他的故友洛伦兹、居里夫人、朗之万、普朗克等人也都先后去世。唯有他，仍在那里进行着不懈的努力。

但他毕竟老了，疾病时常找上门来，身体越来越糟。他知道时间不长了。他有时想到死的问题。正如他对待所有问题一样，对于死，他也找到了一个简单、和谐、合理的答案。

"是的，人人都要死的。在这一点上，也只有在这一点上，人人都是平等的。""死，是最终的解脱，永恒的自由。死，解除了我们身上的一切枷锁——物质的、精神的、有形的、无形的。谁看到过死人痛苦呢？只有死人和没有出生的人，才不必惧怕明天的不幸和灾难。可是，人类普遍地惧怕死……又是一个难解的谜。世界上，宇宙中，有多少难解的谜啊……还是抓紧时间工作吧！"

可是，时间终于不属于他了。1955 年 4 月 13 日，爱因斯坦的右腹部感到一阵阵剧痛。

4 月 16 日，病情恶化，他被迫住进了医院。他一到医院，就给梅赛街 112 号打电话，让把他的老花眼镜、钢笔、一封没写完的信和一篇没做完的计算送到医院来。然而终因病情太重，他未能完成计划中的工作。

4 月 17 日夜间，爱因斯坦睡着了。突然，护士听到了他急促的呼吸声，便向他床头走去。他在喃喃地说着话，可却听不清他说的意思。或许他是在交代自己的后事，或许是在表述对未能完成自己的工作的遗憾……

18 日凌晨一时二十五分，爱因斯坦的心脏停止了跳动。他的床头柜上，还摊开着几页未能写完的手稿。

巨星陨落了。电讯传遍全球。全世界的报纸都在显著位置登出讣告和悼文。唁电和唁函从世界各地飞向普林斯顿。它们来自各种学术团体，来自国家元首、政府首脑，来自科学家，来自普通百姓。

遵照爱因斯坦的遗嘱，他的遗体被悄悄地送到了特伦顿附近的火葬场。只有他的遗嘱执行人，向他献上了一首歌德为悼念席勒而写的诗：

他独处黑夜的寂静，

并未把那些思想的结晶

带进黝黑的坟墓，
还把灵魂的热力留给人们。

像那光芒四射的彗星，
从天际向我们彗望，
把它耀眼的光焰
融入未来的曙光。

九、量子物理学界的"司令"玻尔

1921年3月3日，在丹麦的哥本哈根大学校园内，有一所新建的理论物理学研究所在举行落成典礼。这是该大学专为它的理论物理学教授尼耳斯·亨利克·大卫·玻尔所建立的研究机构。

这个研究所的建立，不仅在科学研究和培养人才方面起到了重要作用，而且使被第一次世界大战所打断了的国际科研合作得以恢复和发展。本世纪20至30年代，正是量子力学迅速崛起的时期。而哥本哈根研究所则成了这股学术潮流的代表与象征，成了全世界公认的"司令部"，成了学者们所向往的学术乐园。许多世界知名的科学家纷纷来这里访问、讲学或从事合作研究，许多重要的研讨会都在这里召开。许多青年人都以能到哥本哈根来学习和亲听玻尔的教诲为荣幸。尤其是作为量子力学最重要的发源地的德国，青年人在取得博士学位之后，总要寻找机会到哥本哈根这个"国际首都"去"朝圣"。

在长期的研究探索过程中，一大批学术观点相同或相近的学者团结在玻尔的周围，形成了量子力学的主流派。这就是所谓的"哥本哈根学派"。很显然，玻尔既是哥本哈根学派的创始人，也是这一学派的精神领袖和"司令"。曾经在量子力学研究中作出过重大贡献的德国学者玻恩、海森堡，奥地利学者泡利，比利时学者罗森菲尔德，苏联学者福克、朗道等人，都是这一学派的主将。至于这一学派的追随者，那就难于胜数了。

在科学史上，人们对于哥本哈根学派的基本看法，及至它的某些观点，都曾经有过不少分歧。哲学界，有人曾把它看作一个"唯心主义"的派别；科学界，也有一些著名科学家，如薛定锷、爱因斯坦等，对它的部分理论持反对态度。真是议论纷纭，是非难断。

这里，我们不妨追踪一下这一学派的精神领袖玻尔的成长和经历，或许既有助于我们对该学派的认识，更能使我们了解玻尔的成就和为人。

兄弟俩

1885 年 10 月 7 日，丹麦杰出的生理学家克瑞斯先·玻尔的第二个孩子降生了。这就是尼耳斯·玻尔。克瑞斯先的第一个孩子是一个女孩，名叫金妮。在尼耳斯两岁的时候，他的弟弟哈若德·玻尔又相继出世。

尼尔斯是出生在哥本哈根的外婆家的。这是一个相当富裕而有教养的家庭，为孩子们的成长提供了优越的条件。姐弟三人常常住在外婆家，因为那里不仅有一个漂亮的花园，而且还有十分疼爱他们的外婆和姨妈菡娜。据说有一次吃饭的时候，尼耳斯用很多糖块在盘子里堆了一座小山。父亲见了，很是生气，于是大喊了一声。坐在尼耳斯身边的外婆却责备女婿说："说不定孩子真需要那么多糖呢！"

父亲克瑞斯先是在肺脏呼吸功能的研究中颇有建树的一名科学家，1886 年被聘为哥本哈根大学的教授。他的兴趣十分广泛，在哲学、政治、文学、体育等方面都有较高的修养。他常常给孩子们讲授科学知识，引导他们观察自然，或给他们朗诵歌德的诗句，讲述狄更斯的小说中的故事。当他与同事们讨论科学问题时，他又有意让孩子们在一旁聆听，以帮助他们增长见闻，开阔眼界。

母亲艾伦·玻尔夫人是一位温柔、贤良的家庭主妇。她的为人，她的操持，使这个家庭始终充满着欢乐和幸福的气氛。

尼耳斯性情内向，沉静平和，但却有着十分强烈的好奇心和坚韧不拔的毅力。当他决心要做某一件事情时，他会废寝忘食地去完成，不达目的决不罢休。

上小学时，尼耳斯爱上了木工和金工。父亲为了鼓励他的这种爱好，便给他购买了一套木工工具和一台小车床。有一次，他的自行车链条出了毛病，他竟把整部车全部拆开，自己动手来修理。可当他想把车子组装起来的时候，却又有些不知所措了。当有人提议去找修车工人时，却遭到了父亲的反对。他说："还是让孩子自己去摆弄吧，他会把车子装好的。"果然，尼耳斯凭着他那爱思考的脑袋和灵巧的双手，终于弄清了各部件之间的机械关系，把车子修理得像一部新车一样。

尼耳斯从小就有一种综合概括能力。还是在他三四岁的时候，有一次随父亲外出散步。父亲指着一棵小树，向他描述这棵树的特征："你看，它有一根树干，树干上长着枝杈，枝杈上又长着小枝条，小枝条上还有树叶。"小尼耳斯竟然接口说："是呀，不这样就没有树了呀！"

尼耳斯还有一种认真细致的作风。在他十一岁那年，老师带班上的同学去外面写生。他们所画的是一所被篱笆包围着的小房子。尼耳斯刚画了一半就停下来了，跑到房子跟前去数那篱笆究竟有多少根木桩，因为他要把木桩画得和实物一样多。

在性格方面，弟弟哈若德与哥哥尼耳斯截然不同。哈若德生性活泼，聪明伶俐，十分招人喜爱，这与尼耳斯沉静平和的个性恰成鲜明对照。据说有这样一个故事：一次，兄弟俩相约作互相取笑的游戏。轮到哈若德发言时，简直妙语连珠。尼耳斯受不了啦，不得不正面加以制止："够了，够了，别再说了！"下面该尼耳斯进行回击了。可他愣了半天，却不知说什么好。最后，他勉强装出一副严肃的神态，指着弟弟的上衣说："哼，你的衣服上有个小污点儿！"

像这样的胜利，哈若德当然不在少数。可这一切并未影响他们兄弟之间的感情。小时候，他们简直形影不离，其友爱之情远在一般兄弟之上。哥儿俩相继进入小学之后，哈若德还常常到尼尔斯所在的班上去玩，以致尼尔斯班上的同学都与哈若德混得很熟。

鉴于他们的不同性格，人们在议论这兄弟俩的时候，总认为哈若德会更有出息。唯一不同意这一看法的是孩子们的父亲。他认为哈若德过于活泼，可能不宜从事自然科学方面的研究工作，而尼耳斯耽于思索个性，却有可能将他引向成功的道路。他还说尼耳斯是"家里的特殊孩子"。这句话的意思，自然包含了这孩子将来会有特殊的作为的意思。

父亲的话并没有完全对。事实上，哈若德在以后的生活历程中也表现了非凡的才能和勇敢进取的精神，并取得了卓越的成就。他十七岁便进了哥本哈根大学，比尼耳斯只晚了一年。后来，他在1910年1月便取得了哲学博士学位，比尼耳斯还早了一年半。他的博士论文《狄里克莱级数的研究》，被认为远远超出了应有的水平，甚至在德国的哥廷根和英国的剑桥这样一些国际著名的数学中心也赢得了声誉。在大学里，尼耳斯还常常向弟弟请教一些数学问题。哈若德在殆周期函数等数学理论研究中作出了许多重大贡献，后来被聘为哥本哈根大学的数学教授，该校还在他哥哥的理论物理学研究所附近，为他设立了数学研究所。哈若德还是丹麦的一名优秀足球运动员。1908年在伦敦举行的奥林匹克运动会上，丹麦足球队赢得了银牌，而哈若德就是这个足球队中的一名主力队员。

对于哈若德的这些非凡成绩，父亲似乎估计不足，然而对尼耳斯这个"特殊孩子"的预言，却真正显示了父亲对孩子的深刻了解。哈若德虽然成就不小，但与尼耳斯相比，却显然只能尾随其后。

对于这一点，哈若德本人早有清醒认识。还在他年轻的时候，每当有人夸奖他的能力和成就时，他总是把自己的哥哥推了出来："我算不了什么，你们应该见见我的哥哥尼耳斯。"

初试锋芒

1903年秋季，十八岁的尼耳斯·玻尔进入了哥本哈根大学的数学和自然科学系，主修物理学，兼及数学、哲学、天文学、无机分析化学等课程。

他那勤奋好学的精神和敏锐的分析能力，得到了教师的赞扬和同学的敬佩。

当时的物理学教授是克瑞斯先森。此人是尼耳斯父亲的莫逆之交，而且在辐射的发射、气体的扩散以及电磁学等研究领域颇有建树。尼尔斯进入大学时，克瑞斯先森正在研究电毛细现象，而且以极大的兴趣注视着电子论的发展。他对尼耳斯的学业和生活都给予了特殊的关心，负责指导了他的硕士论文和博士论文的写作，充当了他登上科学高峰的第一道阶梯。

哲学教授赫弗丁也是尼耳斯父亲的好友。此人性格开朗，豁达大度，特别重视自然科学对哲学的影响。他本来是学神学的，后来却成了一个无神论者。他很欣赏丹麦学者、存在主义的先驱基尔凯郭尔的一些观点，反对形式主义和教条主义的东西。他不重视哲学体系的建立，而注意哲学问题的提出。他有一句名言："体系有兴衰，问题却常在。"他的这些思想，对尼耳斯后来的自然哲学观点的确立，产生了十分深远的影响。

赫弗丁对尼耳斯的影响，不仅仅在哲学观点方面，他那光明磊落的为人，也对尼耳斯是一种极好的身教。有一次，尼耳斯发现了赫弗丁在讲逻辑学的排中律时有一个错误，下课后就立即向他指出。赫弗丁高兴地接受了学生的批评，并在后来把自己的一份讲稿交给尼耳斯去校阅。这对尼耳斯坦率直爽的性格，无疑是一个鼓励。

担任无机分析化学课的教师叫尼耳斯·比耶尔汝慕。他曾负责实验室的工作达 12 年之久，对尼耳斯·玻尔的钻研精神深有感受。他证实说，在他负责实验室工作期间，学生中打破玻璃仪器最多的就是尼耳斯·玻尔。这倒不是因为他的手脚比别人笨，而是因为他常常在好奇心的驱使下，不顾实验室规则，一定要把实验进行到底，直至仪器遭受了破坏。

在这些教师的培养教育下，尼耳斯的天赋得到了良好的发挥。还是在他进大学的第二年，天文学教授泽依利曾把班里的学生分成两人一组，让他们计算某一函数的值，并判定该函数是否有周期性。和尼耳斯分到一组的是一个名叫伦德的女生。她比尼耳斯年长，又有一点数学才能，对尼耳斯一直看不上眼，认为他长得像乡下人，行动有些迟缓，不可能是学数学的材料。可当他们一讨论问题时，伦德却被惊得目瞪口呆了，因为尼耳斯所谈论的许多问题，她连听也没有听说过。她心中暗想，如果数学是这样学的，自己恐怕就无法及格了。后来她才明白，老师的要求并没有那么高，只是尼耳斯通过自学，早已跑到老师的要求的前面去了。伦德在惊异于尼耳斯的天才之余，在给一位亲戚的信中还盛赞了尼耳斯的"很不寻常"之处和他的"最善良、最谦逊"的品格。

丹麦的最高学术机关——丹麦皇家科学——文学院有一个惯例：每年公布各学科的有奖征文题目。1905 年公布的物理学方面的题目是，利用瑞利勋爵有关液注表面振动的理论，可以测定液体的表面张力。对于液注振动的更细致的研究工作，可以授予金奖章，但要求把这一研究扩大应用到种类相当多的液体。论文交稿时间截止到 1906 年的 10 月 30 日。

当时年仅十九岁的尼耳斯决定一试身手，和他同时应战的还有一位比他大十一岁的彼德森。

尼耳斯设计了一套相当复杂、相当巧妙的实验装置，并利用父亲的生理学实验室作起研究工作来了。他一次又一次地改进实验方法，对水注的表面振动和表面张力进行了甚为精确的测定和计算。眼看征文截止期快要到了，他还是对自己的工作不够满意。父亲怕耽误了交稿时间，不得不强迫他终止实验，开始整理数据和撰写论文，这才在期限内的最后一天勉强交了卷。

彼德森却用了光学方法来测定液注振动的波长。这一方法比较简单，因而使他有足够的时间来研究水、甲苯、苯胺、乙醇和硫酸铜水溶液等的表面张力。

阅卷人在收到这两篇论文以后，着实有些感到为难。毫无疑问，彼德森的论文更符合原题的要求，但测试结果却比较粗糙；尼耳斯的论文虽不完全符合要求，但在实验结果的精细准确方面，却大大超过了彼德森，而且对瑞利勋爵的理论还有所推广，表现了引人注目的独创性。两者相比，实在是各有千秋，难分高低。针对这种情况，阅卷人不得不提出建议，同时授予尼耳斯和彼德森金奖章。这一建议果然被皇家科学院所采纳。

尼耳斯·玻尔的获奖论文《用水注振动法测定水的表面张力》于1909年春季在英国的《皇家学会哲学学报》上刊出后，在学术界引起了极好的反响。人们没有料到，它的作者竟是一名年轻的大学生。英国皇家学会的秘书、著名学者拉摩尔在一封给尼耳斯·玻尔的信中，竟至错把这名大学生称作"玻尔教授"，逼得玻尔不得不回信进行更正。

在这次初试锋芒之后，玻尔接着又投入了硕士论文的写作。他从父亲的助手默耳伽尔德牧师那里得到了帮助，在北方的芬恩岛一个牧师公馆中找到了一个安静的写作环境。他于1909年3月中旬出发去芬恩岛，5月中旬便拿出了《试论述电子论在解释金属的物理性质方面的应用》的硕士论文，回到了哥本哈根。到这年的11月，他便顺利地通过了口试和笔试，获得了硕士学位。

此后，他怀着轻松愉快的心情度过了一段假期。就在这次度假中，他结识了一位朋友的妹妹马格丽特·诺伦德。她后来竟成了玻尔的终生伴侣。

硕士论文刚写完，玻尔又开始酝酿博士论文的写作了。他打算依据一些尽可能普遍的假设，来建立一种尽可能严密的、逻辑上合理的金属电子论。

在当时，这可不是一件简单的事情。那时，金属电子论正处于初创阶段，各种理论观点纷繁复杂。物理学的泰斗、荷兰著名科学家洛仑兹和其他一大批知名学者虽长期致力于这一研究，也无法从这团乱麻似的学术乱丝中整理出一个头绪来。年刚二十四岁的无名之辈，居然要在这个问题上发起挑战，谈何容易！

事实也的确如此。玻尔对金属电子论的研究也确实花费了极大的心血。有时候，他觉得柳暗花明，觉得问题接近解决，可回头再审视一下自己的思路和计算，这座刚要完工的大厦又顷刻间倒塌下来，使他重新陷入迷雾之中。不知道经历了多少次这样的挫折，也不知道遭受了多少回失败的痛苦，直到 1911 年 4 月，《金属电子论的研究》才最后脱稿，前后经历十七个月左右的时间。

在这篇长达一百多页的论文中，玻尔依据麦克斯韦－玻耳兹曼的统计理论，推导出了描述金属中传导电子集体运动的基本方程，讨论了电荷和能量的一般运输过程，并结合各式各样的特定条件，广泛地探讨了金属的导热、导电、磁性以及金属对电磁辐射的发射和吸收等问题，提出了许多创造性的见解。

遗憾的是，这么一篇有着重要学术价值的论文，由于语言文字等方面的原因，一直未能公开发表。直到玻尔去世以后，人们在整理他的遗作时，论文的英译本才公开问世。

《用水注振动法测定水的表面张力》算是打响了，而另一枚更具威力的炮弹——《金属电子论的研究》——却成了一发哑炮。然而，玻尔毕竟是一个有着深厚物理学根底和坚韧不拔毅力的人，他的锋芒早晚要刺破各种人为和非人为的障碍，显露于世界科学的殿堂！

从伦敦到曼彻斯特

　　玻尔在金属电子论方面的研究成果，终于使他在 1911 年夏天顺利地戴上了哥本哈根大学哲学博士的桂冠。这时候，一股到英国伦敦去留学的念头油然而生。

　　这种念头的产生，主要出自于他对英国的大物理学家、剑桥大学卡文迪许实验室主任教授威廉·汤姆逊的景仰，希望在他的指导下，进一步开展金属电子论的研究。诚然，玻尔在自己的博士论文中曾多次指出了汤姆逊教授的错误，正因为如此，他才更加希望听到汤姆逊的意见，并得到他的指教。

　　恰好在这时，他得到了丹麦的一个名叫雅科布森的工业资本家设立的卡尔斯伯基金会的慷慨资助，使他获得了到英国留学一年的宝贵机会。

　　1911 年的 9 月底，玻尔到了剑桥。在他的很简单的行装中，就有一份《金属电子论的研究》的英译本。他本人不甚懂得英语，请了一个朋友帮助才勉强凑成了这一译稿。

　　第一次见到汤姆逊，玻尔就拿出像对待自己大学时期的哲学教授赫弗丁的那种坦诚直率的态度，用很不流畅的英语，打着手势把自己在博士论文中批评汤姆逊的地方指给他看。他希望甚至预计大名鼎鼎的汤姆逊教授也会用赫弗丁的那种宽阔的胸怀来回报自己的坦率。

　　可是，玻尔完全想错了。汤姆逊教授并未给他应有的欢迎和支持。他研究金属电子论的愿望落了空，而被汤姆逊安排去做他完全不熟悉的阳射线实验，甚至连这个实验的目的和要求也从未向他说明。玻尔的博士论文英译本虽然早就交给了汤姆逊，可汤姆逊却把它长期压在办公桌里，似乎有着不屑一顾的味道。玻尔往往一个星期也见不上汤姆逊一面，有时偶尔在实验室碰上了他，而当他凑近跟前同他说话时，又往往谈不上一两分钟，汤姆逊就会找到一个借口调头而走。

玻尔被抛进了一个进退维谷的陷阱，对汤姆逊的热情不免渐渐冷却下来。恰在这年的 10 月间，英籍新西兰学者欧内斯特·卢瑟福从曼彻斯特来到剑桥参加卡文迪许实验室的年度聚餐会，并发表了长篇演讲。那时，卢瑟福刚刚因证实了原子核的存在而名声大振。在聚餐会上，他的学术思想和豪爽性格，都给玻尔留下了深刻的印象。

这真是物理学史上的一次幸会。此后，玻尔便开始考虑去曼彻斯特追随卢瑟福的问题了。那年 11 月上旬，玻尔便去曼彻斯特找他父亲生前（他父亲已于这年 2 月 3 日逝世）的朋友芬兰·斯密兹帮忙，并在斯密兹的引见下，再次会见了卢瑟福。卢瑟福欣然同意了玻尔在寒假以后转到曼彻斯特来工作的请求。也是在这个期间，玻尔还参加了在布鲁塞尔召开的第一次索尔维会议，初次见到了物理学界的两位伟大人物——德国的普朗克和当时正担任奥匈帝国皇家大学教授的爱因斯坦。

玻尔到达曼彻斯特的时间是 1912 年 3 月。那时，曼彻斯特大学的物理实验室在卢瑟福的主持下，已成了一个研究放射性问题的学术中心。在这里，玻尔受到了很热情友好的接待，很快投入了放射性的研究。

这对玻尔来说，是研究方向的重大转折。他开始进入原子结构的研究领域。通过废寝忘食的工作，7 月初，玻尔便把一份讨论原子和分子在正常态中的稳定性问题的论文提纲交给了卢瑟福。这就是被人们称为《卢瑟福备忘录》的那篇东西。

与此同时，玻尔还对运动带电粒子的减速问题作了深入研究，并着手撰写有关论文。7 月底，论文尚未完稿，他便离开英国回到了哥本哈根。8 月 1 日，他与马格丽特·诺伦德结了婚。在妻子的帮助下，他很快完成了论文的修改和誊正工作，并利用新婚蜜月旅行的机会，再次来到英国的曼彻斯特，拜访了他的恩师卢瑟福，向他提交了论文的完成稿。

从此以后，玻尔的研究兴趣已完全从金属电子论转向了原子结构理论。玻尔的这一转变，被量子物理学界当作一件幸事而津津乐道，而对玻尔本人来说，却不过是在经历了碰壁的痛苦之后的一次蜕变。

伟大的三部曲

在经过婚期的短暂休息之后，玻尔于这年 9 月开始在哥本哈根大学任教。第二年年初，他被正式任命为讲师。

那时的玻尔，还是一个二十七岁的青年人。充沛的精力和探索的热情，使他积蓄了一股巨大的、山洪般的力量。这股力量随时可能冲破一切障碍，开辟一个崭新的天地。

1913 年 2 月，他受到尼科耳孙和巴耳末等人关于光谱学研究成果的启发，思想的火花立即燃起了冲天的烈焰。山洪终于爆发了，在仅仅半年的时间内，一篇划时代的长篇论著《论原子构造和分子构造》就应运而生。

这篇被罗森菲耳德称之为"伟大的三部曲"的论著共分三个部分。第一部分于 1913 年 3 月 6 日寄给了他的老师卢瑟福。三个月后，他又寄出了第二部分稿本。8 月 27 日，第三部分完成写作。从此，"伟大的三部曲"即告诞生。

这篇用英文写成的论著与他的博士论文的命运绝然不同。这年英国的《哲学杂志》第 26 卷的第 7、9 和 11 期上，全文发表了这篇长达七十多项的重要文献，使它得以在世界各地广为流传，年轻的玻尔也因此而成为理论物理星空中的一颗闪耀着灿烂光辉的新星。

这篇论著刚一问世，爱因斯坦即对它作了很高的评价，认为这是一个"巨大的成就"。玻尔的一位朋友奥席恩在读过论著以后，立即以"又惊又喜"的心情写信向玻尔表示祝贺。在这年 9 月于伯明翰召开的大英科学促进协会第 83 届会议上，金斯以愉快的心情介绍了玻尔的"令人信服"的理论。德国著名物理学家索末菲也在这年 9 月给玻尔写信，对玻尔的"伟大成就"表示感谢和祝贺。在量子力学的创立和发展中曾作出卓著贡献的英国科学家狄拉克则给了玻尔的理论以更高的评价。他认为，玻尔的原子模型是原子理论发展的一切步子中"最大的一步"，是物理学家的自然观方面的一种"巨大的发展"，因为它证明可以把经典力学的定律应用到原子的内部，应用到在原子中运动着的电子上——如果人们加上某些额外的条件并作出某些近似的话。

然而，对玻尔的部分理论提出批评甚至对全部理论提出异议的人也不在少数。卢瑟福、奥席恩等人作为玻尔的师友，都在对玻尔的成果表示赞赏的同时，对部分内容有过善意的批评。另有一些人，则对玻尔的论著持完全否定态度，把它说成是一种"异想天开"的胡诌，是"改良主义"的东西，是经典理论和量子假说的一种"大杂烩"。

这些毁誉不一的说法，究竟孰是孰非？历史已经作出了最后的回答。玻尔的理论后来得到了大量实验事实的支持，最终站稳了自己的脚跟。它所引入的定态概念和量子跃迁概念，至今仍被人们广泛地用来解释许多物理和化学现象。它所提出的一些科学预见，曾经触发了大量富有成果的理论研究和实验研究，促进了经典力学和经典电动力学的改革，开拓了二十世纪物理学的富饶疆土。

当然，玻尔的理论也决不是尽善尽美的。这一点，他本人比谁都更加清楚。相对于《卢瑟福备忘录》来说，"三部曲"已有了很大的发展，可以说是《备忘录》的成年阶段；而相对于量子理论来说，"三部曲"不过是一个初生的婴儿，前面还有许多困难。然而，玻尔对克服这些困难，冲破面临的难关，却始终怀有充足的信心。

寻找"金罗汉"

我国一位科学家曾把玻尔"三部曲"的发表比喻挖掘到了一尊金罗

汉，他下一步的任务，就是要以这尊金罗汉为线索，去寻找另外的十七尊或四百九十九尊罗汉之所在。这个比喻是十分耐人寻味的。玻尔下一步所要寻觅的金罗汉就是要创立一种尽可能合理的和切实可用的量子理论，用它来说明周期表中各元素的物理性质和化学性质，以及这些性质随原子系数的变化关系。正是在这一意图的驱使下，玻尔进入了自己科学研究的黄金时期，这一时期最有代表性的成果，就是对应原理的提出。

1914 年，玻尔应卢瑟福之聘，准备去曼彻斯特的实验室工作。7 月，他们夫妇先到德国去看望弟弟哈若德。8 月上旬，第一次世界大战爆发，欧洲的局势骤然紧张起来。玻尔夫妇仍按原定计划于 10 月间抵达英国。

在卢瑟福的实验室里，玻尔一方面担任教学工作，一方面积极开展科学研究。1916 年 3 月，他撰写了一篇题为《论量子理论对周期体系的应用》的论文，并把它投给了《哲学杂志》，准备在 4 月份发表。但当他拿到了论文的校样时，却又同时读到了索末菲关于谱线结构的论文。他感到自己的论文的形式"太狭窄了"，于是将论文撤了回来，意欲对它作一番大的修改，以便将索末菲的理论也容纳进去。

玻尔对论文不厌其烦的修改，几乎成了科学界的美谈。他的每一篇论文都不是一挥而就。在他的工作室中，有一排满是抽屉的橱柜，这些抽屉中都存放着他的论文稿。一有时间，他就取出其中的一篇来作推敲和修改。这样旷日持久地进行下去，不知什么时候才能拿出论文的定稿。有时他宣称已改得差不多了，可下一次修改时却又大动刀斧，以致使之变得面目全非。一些已经排成校样的论文，也常常遇到这样的命运。于是，他的同事中流传着这样的一句笑谈：谁也别打算同玻尔下棋，因为他每走一步都要"修改"（即"悔棋"）。

这一次，玻尔的刀斧又落到《论量子理论对周期体系的应用》一文上了，他刚对论文施行了一次"手术"，新的问题又出现了，迫使他再次拿起"手术刀"。如此改来改去，致使论文终于未能发表。最后，他干脆另起炉灶，重写了一篇综合论著——《论线光谱的量子论》。

这篇很长的论著本打算分成四部分（故有"四部曲"之称），仍然由于反复的修改，直到 1918 年才在丹麦皇家科学院的院报上发表了第一、二两部分，1922 年发表了第三部分，而第四部分则最终未能完成。

《论量子理论对周期体系的应用》和在此基础上形成的《论线光谱的量子论》两篇论文，标志着对应原理的诞生。这是玻尔对原子结构理论和光谱理论的一个新发展。这一原理阐明了经典理论与量子理论的关系，为理论物理学界研究原子光谱提供了强有力的指导原则和具体方法。如果还是沿用那个金罗汉的比喻的话，对应原理则可以被认为是打开那个藏匿着更多金罗汉的宝库的钥匙。正是借助这一原理，玻尔广泛地研究了多电子原子的光谱，说明了各种同位素的光谱差别，大致诠释了元素周期表。也正是以这一原理作为"桥梁"，理论物理学界才得以从经典理论出发，经过旧量子论，通向了新量子力学的光辉坦途。

大青年与小青年

就在玻尔致力于架设这座"桥梁"的时候，他所在的哥本哈根大学理论物理学研究所也在加紧建设之中。此后，这个研究机构既是世界上引人瞩目的物理学中心，也是一大批青年科学家成长的摇篮和许多新思想、新理论的发源地。

玻尔领导这个研究所达四十年之久。他那谦虚平易、豁达开朗的性格和勇于探索、坚持真理的精神，赢得了诸多青年科学家的佩服和崇敬，也是对青年人产生吸引力的一块磁石。四十年中，他培养了约六百名外国物理学家，短期来访者尚不计算在内。在这里，玻尔同青年人一起探讨科学问题，一起谈论哲学、艺术、宗教和遗传学，一起开各种各样的玩笑。正是在这种探讨、闲谈和玩笑之中，许多新的思维不断地激起壮阔的波澜，许多科学的构想不断地闪现着灿烂的光华。

早在 1916 年夏季，玻尔刚从英国回到哥本哈根不久，他就收到荷兰青年克喇摩斯的一封自我介绍信。当时，克喇摩斯还在荷兰上大学，但却对玻尔怀有很深的敬仰，希望能到玻尔这里来学习和工作。玻尔同意了他的请求，从此开始了他们长达十年之久的亲密合作，并一起在哥本哈根大学理论物理学研究所的创建中洒下了辛勤的汗水。

1922 年 3 月和 6 月，玻尔先后访问了剑桥和哥廷根。在哥廷根，从 6 月 12 日到 22 日的十一天间，他先后发表了七次演讲，阐述了原子结构理论。德国人把这次访问的日子称之为"玻尔节"，而把他的演讲称之为"玻尔的节日演出"。

就在这次"玻尔节"上，玻尔这个还不满三十七岁的大青年结识了另外两名小青年，他们就是奥地利人泡利和德国人海森堡。

泡利和海森堡都是索末菲的学生。当时二十二岁的泡利已经获得博士学位，专程从汉堡来哥廷根听玻尔的学术演讲；二十一岁的海森堡则还没有毕业，也跟了索末菲从慕尼黑到哥廷根来参加"玻尔节"。

恰在这时，有人打算为玻尔出版德文版论文集。玻尔想找一个青年人到哥本哈根去，一方面参加科学研究，一方面协助他准备论文集的德文稿。为此，他商之于泡利，得到了同意。这年秋天，泡利来到了玻尔的研究所，在那里停留了半年左右。以后，他又多次回来，在玻尔的研究所中起了重要的作用。他们结识后的第三年，泡利就以提出了两个电子不能共处于同一量子状态上的所谓"泡利不相容原理"而震动了物理学界。他的这一成果，不能不说与玻尔给他的影响有密切关系。

玻尔与海森堡的结识，则更有戏剧性。玻尔在一次演讲中提到了自己和克喇摩斯在氢谱线方面的研究工作。演讲结束后，对这一工作早就有所了解的海森堡则提出了不同看法。

玻尔听了海森堡的发言，便主动邀请他一起去郊外散步，以进一步商讨有关问题。他们亲切地交谈了好几个钟头，玻尔再三解释了自己的论点，海森堡却仍旧坚持自己的批评意见。最后，玻尔向海森堡发出邀请，约他适当的时候访问哥本哈根或到那里去工作。海森堡虽然接受了邀请，但却直到1924年秋天才实现了去哥本哈根的愿望。此后，他便开始了矩阵力学等开创性工作。

同样是在1922年，瑞典科学院决定授予玻尔该年度的诺贝尔物理奖。授奖仪式于这年的12月11日在斯德哥尔摩举行。

恰好在他前往参加授奖仪式之前，他收到了哥本哈根研究所发来的电报，从而得知了在他的研究所中工作的考斯特尔和赫维思发现了元素周期表上的第72号元素。他利用受奖演说的机会宣布了这一消息，引起了与会者的极大兴趣，也引发了他对这一发现过程的回想与感慨。

早在1920年，玻尔就与荷兰的青年物理学家考斯特尔有过联系。由于他的推荐，考斯特尔得以到瑞典的席格班门下工作。1922年4月，玻尔根据自己关于多电子原子的原子结构理论，预言了周期表中的第72号元素不应属于稀土族，而应该在化学性质上和锆元素相接近。到了5月，法国科学家道维列和乌尔班发表文章，宣称已在两种稀土族元素镥和钇的混合物中找到了第72号元素，并把它命名为铜。玻尔立即对这一结论表示了怀疑。但是，那年6月，玻尔的恩师卢瑟福却在《自然》上发表短文，承认道维列等人的发现。这便把玻尔置于一个十分尴尬的境地。这年7月3日，刚从哥廷根回到哥本哈根的玻尔，即给考斯特尔写了一封信，征询他对所谓的铪元素的看法。7月15日，考斯特尔写来了回信，叙述了他与他的导师席格班对铪元素的否定态度。紧接着，考斯特尔又写了一篇谈论这一意见的文章，请玻尔推荐到了《哲学杂志》。

此后不久，考斯特尔就来到了哥本哈根。在那里，按照玻尔的安排，他和玻尔的老朋友赫维思一起致力于第72号元素的研究，终于证实了这一元素不属于稀土族的预见。它的化学性质与锆极为相似。考斯特尔和赫维思按照哥本哈根的旧名Hafniae（意为"海港"），把这一元素命名为铪（Hafnium）。坚持真理的卢瑟福便也很快放弃了原来的看法，承认了考斯特尔等人的发现。

事实上，铪元素的发现，不仅是证明了玻尔的预见，而且也为他的原子结构理论提供了有力的支持。由此我们也可以看出，作为理论物理学界权威人物的玻尔，和青年科学家有着何等密切的关系！

直到玻尔逝世的前一年，也就是 1961 年，一向以狂傲著称的、终生自认为是玻尔的学生的苏联理论物理学家朗道曾经问他："你有什么秘诀把那些很有创造才能的青年理论家们团结在你的周围？"玻尔幽默而真诚地回答说："没有什么秘诀，我只是不怕在青年人面前显出自己的愚蠢而已。"

量子力学的诠释与争论

本世纪 20 年代中期，旧量子论已逐步完成了向新量子力学的转变。其中最有代表意义的成就，一是德国学者海森堡在 1925 年提出的矩阵力学——一种强调可观察量的不连续性的新量子论，一是奥地利学者薛定锷在 1926 年提出的物质波的波动力学——一种强调物质波性的新量子论。

矩阵力学所提供的是一套奇特而巧妙的计算程序，从根本上排除形象化图像；波动力学自以为提供了一种连续的物理图像，其实也不过是一种披了图像外衣的计算程序。这样一来，新量子力学（无论是矩阵力学还是波动力学）的物理过程便成了一个不易解开的谜。

许多第一流的理论物理学家都在为新量子力学的物理解释而绞尽脑汁，电磁诠释、流体力学式的诠释、几率诠释、波函数的系综诠释等理论应运而生。

就在这个时候，海森堡提出了著名的测不准原理。这一原理表明，当对一个微观客体进行测量时，在任何情况下都不可能无限准确地同时测定它的两个共轭的动力学变量。例如，我们无法像在经典力学中所要求的那样，同时准确地测定粒子的位置和速度。测不准原理为量子力学提供了物理基础。

玻尔对海森堡论证问题的方式虽有不同意见，并且因此而产生过争论，但他对海森堡的结论和原理是完全接受的。在这一基础上，他进一步总结和发展了自己在青年时代就已萌芽的互补哲学，于1927年9月16日在意大利科摩市召开的国际物理讨论会上，作了题为《量子公设和原子理论的最近发展》的演讲，正式阐述了关于互补性或互补关系的观点。他认为，在经典理论中，人们可以用时空坐标来描述物质运动的因果规律，而在量子理论中，这两种描述方式（即时空描述和因果描述）则不能同时应用，必须在二者之间作出取舍。从这个意义上说，时空描述和因果描述是互斥的。但人们却不能一劳永逸地抛弃时空描述或因果描述，而且只有通过有时采用这种描述和有时采用那种描述，才能全面地反映所研究的现象。从这个意义上说，时空描述和因果描述又是互补的。例如，物质的波粒二像性，就是这种互补性的很好例证。波动图像是与时空标示直接联系着的，而粒子图像则是和能量及动量的守恒原理直接联系着的，当人们考虑传播问题时，他所关心的是时空描述，就可以采用服从叠加原理的波动图像；当考虑碰撞之类的相互作用问题时，他所关心的是因果描述，就可以采用服从守恒原理的粒子图像。这两种图像适用于两种不同的实验条件，这两种实验条件是不可能同时实现的，因而这两种图像也不会直接发生冲突。玻尔根据这一观点讨论了矩阵力学和波动力学，构成了对量子物理学的互补诠释。这种诠释很快得到了多数物理学家的承认，并被尊为量子力学的正统诠释或哥本哈根诠释。

以后，玻尔对互补关系作了进一步发展，形成了互补原理，并把这一原理的适用范围由微观物理学扩大到了宏观物理现象中。他用一句拉丁文表达自己的想法说："互斥并不是矛盾，而是互补。"这是一句充满哲理的话。如果用一句中国成语来表述，或许就是"相反相成"的意思。

在探索量子力学的物理－哲学诠释方面，以玻尔为首的哥本哈根大

学理论物理研究所始终起着主导作用。玻尔提出的互补原理虽然为多数人所接受，但也遭到了一部分科学家的反对，其中包括大名鼎鼎的爱因斯坦，并由此引发了一场爱因斯坦与玻尔的持久而激烈的论战。

在科摩会议一个多月之后，玻尔在布鲁塞尔的第五届索尔维会议上再次阐述了互补性观点。爱因斯坦接着提出反驳，打响了论战的第一枪。以后，每天早上，爱因斯坦都会提出一个假想实验，试图驳倒位置和动量之间的测不准关系式。而到了晚上，玻尔总会作出答辩，论证那个实验与测不准关系式恰恰是一致的。经过几个回合的交手，爱因斯坦觉得这个堡垒不易攻破，于是准备了新的"炮弹"。在1930年的第六届索尔维会议上，他提出了所谓"光子盒"的假想实验，向能量和时间的测不准关系式发起了攻击。这一下果然打得玻尔懵头转向。但他在冷静地思索之后，却又抓住了爱因斯坦论据中的一个致命弱点——忽略了广义相对论中的一个推论。

经过这两次面对面的辩论之后，爱因斯坦终于承认了测不准原理的逻辑自洽性。但他还是没有完全认输。过了五年，爱因斯坦又同另外两名科学家合作，联名发表一篇论文，以证明量子力学描述的"非完备性"。几个星期以后，玻尔也以论文作答，论证了量子力学描述的完备性。

直至今天，这两位科学巨人已经逝世了三四十年，而这场论战似乎仍旧没有了结，胜负仍旧不易分辨。

虽然遭到了这么强有力的打击，玻尔却对自己的观点深信不疑。1947年，丹麦政府授予了玻尔"宝象勋章"。这是一种很高的荣誉。照惯例，这种勋章只授予丹麦的王族成员和外国元首。为了表示高贵的身分，受奖人必须有一个"族徽"。玻尔的这个"族徽"是由他自己临时设计的，其中心图案便是中国民间流传的"太极图"，这种"一阴一阳"的图案可以说是对他的互补原理的形象表述。族徽上的"箴言"，则是用拉丁中写出的"互斥即互补"这句短语。

"荣誉府"的主人

前面曾经提到，玻尔在 1911 年到英国去留学，在经济上得到了丹麦工业资本家雅科布森所设立的卡尔斯伯基金会的资助。此后，在哥本哈根大学理论物理学研究所的建设中，玻尔同样也得到了这个基金会的大力援助。

雅科布森是一个很有远见卓识的爱国之士。他在自己创办的酿酒厂的大门上刻着拉丁文题词："为祖国而工作"。曾经游历过意大利的雅科布森极为欣赏庞贝城遗址上的古建筑，便模仿那种风格在自己的工厂附近修建了豪华而宏伟的宅第。那里有宽敞舒适的居室、富丽堂皇的餐厅，花园中的喷泉和雕塑，掩映在繁花异草之中，显得幽雅而清静。

后来，雅科布森决定把这所高贵的住宅赠送给为丹麦争得了最大荣誉的公民。玻尔当然最有资格接受这一馈赠。1933 年，玻尔全家搬进了这所宅第。在以后几十年的日子里，这里便成了玻尔休息、生活、思索和接待宾客的地方。世界许多著名科学家、知名人士、政府首脑都曾到过这里，与玻尔一起讨论有关问题。因此，人们把这所宅第称之为"荣誉府"。

1933 年初，希特勒在德国攫取了政权，开始了日甚一日的对犹太人和进步人士的迫害，一些著名科学家也在劫难逃。这时，玻尔来到德国，尽可能与那些遭受迫害的科学家取得联系，以设法帮助他们逃离希特勒的魔掌。回国以后，他又和弟弟等人组织了"丹麦支持流亡知识分子委员会"，一方面聘请一些从德国逃出来的物理学家到自己的研究所来工作，一方面写信向世界各地的学术机构推荐人才。在这种情况下，他的研究所和"荣誉府"便成了流亡学者的"转运站"，而玻尔本人则得到了"地下运输总调度"的称号。

在他的这次德国之行中，他在汉堡街头偶尔遇见了青年物理学家弗里什。当时弗里什刚刚完成了一个很有创见性的实验，但却因犹太人身份而受到威胁。他见了玻尔，就像见到一个神话中的人物一样，心情异常兴奋和激动。

他们交谈了有关情况后，玻尔走近弗里什，用手抓住他上衣上的钮扣，亲切地说："我希望你来和我们工作一段时间，我们喜欢能作成'假想实验'的人！"

这天晚上，弗里什就给自己的母亲写信，请她不必为自己担忧，因为"亲爱的主曾经亲自抓住我上衣上的钮扣，并且对我微笑。"

后来，弗里什果然到了哥本哈根，成了玻尔研究所中的活跃人物。

1938年8月，在丹麦埃尔西诺尔克伦堡城堡召开的国际人类学和人种学会议上，玻尔发表了一篇演讲，强烈反对种族主义观点，开始引起希特勒特务机关的注意，为他以后遭受迫害埋下了伏线。

在充任"地下运输总调度"的同时，玻尔还开始把更多的精力用到原子核的研究方面，并于1936年提出了反映原子核结构和内部运动的"液滴模型"。这种模型把原子核想像成一个由很强的短程力结合在一起的核子（即质子和中子）体系，就像由"分子力"结合起来的一个"液滴"一样。这种模型虽然简单，但却是科学史上第一种相对正确的核模型。它为理解某些核过程提供了手段，也在核反应的分析中产生过决定性的影响。

"液滴模型"提出后，世界上许多著名科学家，如意大利的费米、德国的哈恩以及奥地利的迈特纳（弗里什的姨母）、弗里什等人，均开始了对用中子轰击重元素所产生的核裂变的研究。在这一工作中，玻尔也作出了不可磨灭的贡献。1939年2月，他向《物理评论》投稿，提出了慢中子引起铀核裂变的是铀235而不是铀238的观点。同年9月，他又和美国科学家惠勒合作，在《物理评论》上发表了《原子核裂变的机制》一文，对铀的裂变作了进一步论证。他们认为，裂变中放出的大多数中子能量都太低，不足以引起铀 238 的裂变，而所观察到的裂变主要是慢中子对铀 235 作用的结果；为了使天然铀产生"链式反应"，唯一的可能就是使中子减速，以增加它们对铀 235 的效应。

后来的事实证明，玻尔的这些观点都是正确的。因此，他和惠勒所合写的那篇论文，成了原子核物理学的经典文献。

战争中的流亡

1943 年 10 月 6 日夜晚，瑞典斯德哥尔摩效外静悄悄的机场上，停着一架英国的蚊式双引擎飞机。机身没有任何标志，漆成乌黑一团。年近六旬的玻尔在人们的护送下，秘密地藏进了改装过的飞机炸弹仓中。发动机立刻启动，飞机滑向跑道，转眼间便消失在夜空中。

当时正值第二次世界大战的激战时期，飞机的飞行很不安全，只有靠着一定的飞行高度来保护自己。

当飞机升高时，驾驶员通知玻尔戴上氧气面罩，可玻尔的头很大，传话耳机够不着他的耳朵，所以他没有听见驾驶员的通知。他在黑暗中几乎不能动弹，感到心闷窒息，渐渐地，马达的轰鸣声在他的耳畔消失了。他失去了知觉。

几十分钟过后，当飞机在伦敦降落时，玻尔被从弹仓中抬下飞机，已经昏迷不醒了。他进了一所医院，五天后才恢复了健康。

玻尔的儿子阿格·玻尔打算从瑞典乘下一架飞机去英国。而那架飞机在途中被德国人击落了。玻尔闻讯，悲痛不已。但在一个星期以后，阿格·玻尔却出现在父亲面前。原来阿格·玻尔改乘了另一架飞机，算是躲过了一场不幸。

父子二人在伦敦停留了近两个月，于年底一起去了美国。

玻尔父子为什么要冒着这样的危险到英国去呢？这就不能不把这笔

玻尔乘飞机消失在夜空中

账算在希特勒的头上了。

自从希特勒在德国执掌大权之后，欧洲就笼罩在战争的阴影中了。

1937年春，玻尔偕夫人和次子汉斯作了一次世界旅行，先到美国和日本，后又到中国和苏联。他们在我国停留了两个星期，会见了我国著名物理学家吴有训等人，然后乘火车去苏联访问。

1938年，欧洲形势已经开始紧张了，这年3月，德国法西斯吞并了奥地利。1939年春季，玻尔再度访问美国。鉴于欧洲的紧张局势，美国友人曾一再劝他移居美国，并表示可以满足他的任何要求。可他舍不得自己的研究所和面临危难的祖国，仍旧返回了哥本哈根。这年3月，德军攻占捷克。9月，德军又进攻波兰，英、法对德宣战，第二次世界大战正式爆发。10月，惠勒致信波尔，请他送一个儿子到美国，由他们夫妇负责照料。玻尔又一次谢绝了这份美意。

1940年，丹麦沦陷，欧美的许多科学家纷纷邀请处境艰难的玻尔去他们那儿工作，均被玻尔一一谢绝。他认为，不到最后关头，他决不能离开自己的研究所。在那里，他继续从事着核裂变碎片的性能和径途等方面的研究，发表了一些论文。

就这样苦撑了三年，直到1943年初，英国方面得悉德军打算胁迫玻尔去德国的消息，便通过情报机关秘密邀请玻尔去英国。直至这时，玻尔还是没有离开哥本哈根的想法。

到了8月间，德军宣布紧急法令，开始大批逮捕丹麦的知识分子和平民，玻尔受到了严重威胁。8月底，他不得不在丹麦抗战组织的保护下，偕夫人及弟弟乘船抵达瑞典。

9月29日，玻尔得到消息，德军已决定逮捕所有的丹麦犹太人，而且逮捕他和他的全家，逮捕令已由柏林的德国总部签署。在这种情况下，他才把家属均接到了瑞典，而自己则与儿子阿格一起去了英国和美国。

玻尔到达美国时，原子弹研制中的一切理论和技术问题均已解决。为了团结尽可能多的科学家来商量原子弹所带来的各种社会问题和政治问题，玻尔四处奔走，竭力主张控制原子弹的制造和使用，同时要求英美将制造原子弹的情况通告苏联。抱着这一目的，他还于 1944 年 4 月专程去英国会见英国首相丘吉尔。会见在 5 月 16 日进行，但二人话不投机，结果不欢而散。回到美国后，玻尔设法与美国总统罗斯福进行接触。他于 7 月 3 日向罗斯福递交了一份备忘录。8 月 26 日，罗斯福接见了玻尔，二人谈得较为融洽。9 月，罗斯福与丘吉尔会晤于美国的魁北克。丘吉尔怀疑玻尔曾向苏联泄密，建议逮捕玻尔。罗斯福被其说服，同意丘吉尔意见，只因其他人竭力为玻尔辩护，这一逮捕计划才未执行。1945 年 3 月，玻尔再次去英国会见丘吉尔，但仍无收获。4 月 4 日，玻尔回到美国后开始草拟给罗斯福的备忘录，可罗斯福忽于 4 月 12 日病逝，玻尔的建议终于落空。

1945 年 5 月 7 日，德军无条件投降，欧洲的战争正式结束。此后，玻尔立即从美国回到英国，在那里等待原子弹试验的结果。7 月 16 日，美国在新墨西哥州进行了人类历史上第一次原子弹试验。8 月 6 日和 9 日，美军在日本的广岛和长崎投下了两颗原子弹。8 月 15 日，第二次世界大战以日本的无条件投降而结束。8 月 11 日，玻尔在英国《泰晤士报》上发表《科学和文明》一文，公开反对原子武器。从那时起，他就和任何原子武器的制造断绝了一切关系。

他永远属于全世界

玻尔及其夫人在伦敦一直居住到 1954 年 8 月，然后才回到自己的故乡，继续主持哥本哈根理论物理学研究所。

这时的玻尔已经年近六旬，他的晚年主要从事两方面的工作，一是在一些科研机构担任领导职务，一是为原子能的和平利用而奔走呼吁。

1952 年，在玻尔的倡议下，欧洲十四个国家的代表聚会哥本哈根，成立了"欧洲原子核研究中心",大家一致推举玻尔任主席。研究中心的理论部设在哥本哈根,亦由玻尔主持。此外,会议还决定在日内瓦建造大型加速器等实验装置,用于科学研究。现在,这一研究中心已发展成为世界上重要的学术机构。

1955 年,瑞典政府邀请斯堪的纳维亚各国的科学家开会,协议成立"北欧理论原子物理学研究所",所址设在哥本哈根,由玻尔任管理委员会主席。

1955 年 8 月,来自七十二个国家的一千多名代表在日内瓦举行和平利用原子能的国际会议,玻尔应邀在开幕式上发表了题为《物理科学和人的地位》的演讲。

1953 年,丹麦建筑工程学会设立了尼耳斯·皮尔奖章,用来表彰在原子科学方面作出了突出贡献的人。1957 年,美国福特汽车公司基金会设置"和平利用原子奖",评奖人一致同意将第一届的奖章和奖金授予玻尔。

玻尔一生爱好体育运动,喜欢爬山和滑雪,还是优秀的足球运动员。也许正是由于这些原因,使玻尔有一副强健的身躯。直到晚年,他仍旧以充沛的精力从事科研工作和社会活动。他从 1939 年起担任丹麦皇家科学文学院主席,多次连选连任,直到逝世。

在丹麦的原子能和平利用方面,玻尔也作出了不朽的功绩,1955 年,丹麦成立原子能委员会,由玻尔出任主席。他还扩建了自己的研究所,加强了和平利用原子能的研究工作。在他七十多岁的时候,他还亲自去格陵兰了解铀矿的勘探情况。

1962 年夏天,七十七岁的玻尔赴德国参加一个会议,那时曾患轻度脑溢血,后经三个星期的治疗即告痊愈。这年 11 月 16 日,他主持召开了丹麦皇家科学院会议。18 日,他在和夫人及几位友人共进午餐时偶感头痛,随后就在午睡中因心脏病突发而溘然长逝。

一颗科学的巨星就这样无声无息地陨落了,一个充满智慧和人道的生命就这样静悄悄地告别了人世！他留给人们的只是为数不算太多的科学和哲学论著以及追求真理、献身事业的精神财富！

12 月 14 日，丹麦皇家科学院为他举行了隆重的追悼仪式，丹麦国王和王后出席了追悼会。

1965 年 10 月，为纪念玻尔八十周年诞辰，哥本哈根大学理论物理学研究所被重新命名为尼耳斯·玻尔理论物理学研究所。他的学术，他的事业在这里得到了永无止境的延伸和发展。

他永远属于科学，永远属于哥本哈根，永远属于全世界！

十、原子之父费米

1942年12月2日，世界上第一座原子核反应堆诞生在美国荣加哥大学足球场西看台底下的网球场中。从此，人类首次实现了有控制地释放原子核中所蕴藏的巨大能量，社会的航船开始驶入原子时代的"海域"。

谁是这艘航船的舵手？是恩里科·费米，一位意大利物理学家。正是他所完成的用慢中子轰击元素原子核的实验，为自持链式反应奠定了基础；正是他所领导下的一批杰出科学家，从实践上找到了释放核能的可行途径。

难怪人们称他为"原子之父"！

费米一生只活了五十三岁，可谓英年早逝，但他为社会、为人类所作的贡献却是可以船载车装的。随着时光的流逝，他所建造的那座反应堆早已成为历史的古迹，供人们参观游览和凭吊。然而，与反应堆、与原子时代紧紧联系在一起的费米的名字，却是永垂不朽的。人们越是享受到原子时代的恩惠，就越使这个名字增添光辉！

世纪初的孩子

1901年，在物理学发展史上并未取得划时代的成就，可就在这年的9月29日，一个划时代的人物却在意大利首都罗马降生，他就是恩里科

·费米。

费米的父亲阿尔巴托·费米是从一个铁路工人逐步被提升起来的工段长。他充满着对知识的尊重和追求。母亲埃达·德·加蒂丝是一名小学教师，对孩子的教育有一套严格的标准。

这个家庭接连有了三个孩子。女儿玛丽亚出生于1899年，儿子朱利奥出生于1900年。恩里科是最小的一个。由于这三个孩子来得太密，以致母亲不得不把后两个孩子寄养到乡下。

恩里科是在两岁半时返回罗马的父母亲身边的。当时他身体很羸弱，个子特别小，也不大爱讲话，只有同哥哥朱利奥在一起设计、制造玩具时，才显露出儿童的快活和天真。他们一起制造出自己设计的电动机，通上电居然能呼呼转动；他们画出的飞机引擎草图，竟使人们不能相信那是孩子的作品……

可是，老师和家长都曾对恩里科的智力表示怀疑。在小学二年级的时候，老师出了一道题：铁能制造什么？费米因在上学路上经常看到一块"铁床工厂"的牌子，于是就写出了"铁可制床"的答案。这个答案本来是一个孩子通过自己的实际观察而得到的，可老师并不满意，责备他为什么不按书本上所写的"铁可制造车辆、锄头等等"来回答这个问题。

费米毕竟是一个爱学习、爱动脑筋的孩子。他常常贪婪地阅读各种书籍，思考一些与他的年龄不相称的问题。十岁时，他就独立证明了方程式 $X^2+Y^2=R^2$ 所表示的图形是一个圆。以后，还自己"创造"了一种解释陀螺运动的"理论"。

1915年冬天，哥哥朱利奥不幸去世。这对全家、对恩里科是一个特别沉重的打击。在悲哀中，恩里科更加如饥似渴地阅读各种书籍，用知识来填补精神上的空虚。

他找到了一个与自己同名的朋友恩里科·佩尔西科。他们一起步行上学，一起到鲜花广场去搜寻数学的和物理学的书籍。

第一个发现恩里科·费米才能的，是他父亲的同事茵杰涅尔·阿米迪。他不断给费米出一些难题，均得到了满意的回答。以后，他便把自己仅有的一些书，按合理的顺序一本接一本地借给费米阅读，并同他一起进行物理实验。这样，在费米还是一个中学生的时候，就掌握了大学生才能学到的经典物理学和数学知识。

比萨的青年物理学家

1918 年，十七岁的费米领到了中学毕业文凭。按照阿米迪的建议，他决定投考比萨的皇家师范学院。

这是一所有着百多年历史的大学，而且又可免交学费和食宿费，因此报考的人甚多。进入这所大学的人都必须经过严格的考试，按学校命题完成一篇论文。

费米的论文题目是《论弦的振动》。他把自己的数理知识融会于论文之中，致使主考人感到震惊。主考人为此专门找他作了一次交谈，才确认这篇颇为高深的论文的确出自这个青年人之手。

他被录取了。这年 11 月初，他只身来到比萨，开始了他的大学生活。

费米不费劲就学好了大学的课程。他有充足的时间去登山、踢足球。这不仅增强了他的体魄，也改变了他那沉默寡言的性格。

比萨是一个有着浓厚的物理学气氛的城市。意大利人民的伟大儿子伽利略曾在那著名的斜塔上作过落体实验；那盏以摆动向伽利略提示了单摆定律的灯，仍悬挂在古老教堂的天花板上。除了这些历史传统以外，新的学术思潮也不断从国外涌入比萨皇家师范学院的校园，爱因斯坦的相对论，玻尔的原子模型，普朗克的辐射理论，都成了学术界议论的热点。

在这样的环境中，费米的求知欲望得到了极大的激发。他除了学好课程之外，还把很大的精力用在对新知识和新理论的探求上。凭着年轻人对新事物的敏感，他很快成了比萨的相对论和量子论的"权威"，并在学校里向同学们作这些新理论的学术演讲。

1922 年 7 月，费米取得了物理学博士学位。他的论文中包括一篇关于伦琴射线的实验研究。这篇论文的答辩过程简单而富有戏剧性。十一位身穿黑袍、头戴方顶帽的主考人神情严肃地坐在一张长桌的后面。费米也穿一件黑袍，用自信的态度阐述着论文中的观点。没想到那些主考人竟感到如听天书一般，有的脸上露出惊讶的神色，有的左顾右盼，根本听不下去，有的则干脆困倦地打着呵欠。当然，谁也不可能对这篇论文提出异议。

费米带着满腹的学问回到罗马。可那时的罗马正处在动荡不安之中。以墨索里尼为首的法西斯分子开始向罗马进军，一场内战即将爆发。

在这种情况下，他留在罗马是毫无意义的，甚至连一个普通的工作也找不到。于是，他决定出国，到德国的哥廷根大学去向著名物理学家马克斯·玻恩学习。

这年冬天，他终于取得了意大利教育部的奖学金，来到了哥廷根大学。

哥廷根大学是量子力学的诞生地。其时，玻恩教授的门下已聚集了一批才华横溢的年轻人，除了德国的海森堡以外，还有奥地利的泡利、英国的狄拉克等人。费米虽然从这些人身上学到了不少东西，但他那自恃的性格总使他有一种孤独感。在这里呆了七个月之后，他又投奔到莱顿的艾伦弗斯特教授那儿，直到奖学金已经用完，才于 1924 年春天返回罗马。

罗马学派的诞生

费米在罗马大学找到了一个临时性的工作：为化学系的学生上数学课。

这并不是他的愿望，他的兴趣在物理学方面。不久，他的朋友拉赛蒂告诉他一个消息：位于地中海撒丁岛的卡利阿里大学需要招聘一名数学物理教师。费米决定去申请。可是，当招聘结果公布后，这一职位竟被一名资历较老的工程师夺取了。原来，招聘委员会的五名教授中，有三人不相信爱因斯坦的相对论，作为爱因斯坦信徒的费米的落选，自然是在情理之中的。

此后，费米来到了佛罗伦萨大学，讲授力学和数学方面的课程。这个职务虽然也是临时性的，但却使他获得了研究物理学的充裕时间，而且还和好友拉赛蒂在一起，更使研究工作有了志同道合的帮手。他们共同开始研究磁场对光线的影响，很快完成了一篇高质量的论文。

这一课题最早是由英国物理学家法拉第提出来的，后由荷兰物理学家洛伦兹和塞曼取得了突破。费米和拉赛蒂的研究成果，将磁场对光线的影响这一研究领域的理论和实验又推进了一步。

研究工作的成功，进一步激发了费米的信心和热情。他把注意力转向了对分子、原子和电子运动规律的描述。这个问题，他已研究过多年，可却几乎没有什么进展。他发现，古老的统计力学定理已经解释不了分子、原子的古怪行为。

就在这时——1925 年，奥地利物理学家泡利在研究电子的能量时，发现了他的不相容原理。如果不使用准确的科学语言来表述，这就是说，在环绕原子核的每一条轨道上，只能有一个电子。

费米立即把这个原理引用到一种理想气体上，开始寻求原子运动的特殊统计规律。经过几个月的计算和分析，他终于写成了一篇题为《论理想单原子气体的量子化》的论文。

论文的发表，轰动了理论物理学界，因为它所揭示的是微观世界的一条重要规律。由于英国物理学家狄拉克也同时发现了这一规律，因而物理学界把它称之为"费米－狄拉克统计法"。

费米从此名声大震，并于1926年被聘为罗马大学理论物理教授。

在罗马大学建立起一个罗马学派，是这所大学物理系主任奥索·玛利奥·柯比诺的长期愿望。身材矮小的柯比诺是一位很有威望的学者。他身为意大利参议院议员、教育部长，却并未参加法西斯党。在本世纪头两个十年中，英国的剑桥和曼彻斯特、德国的哥廷根、丹麦的哥本哈根等，都成了著名的学术中心，而意大利，则无法分享到这样的荣誉。物理学史上由伽利略、伏打等人所开辟的辉煌时代早已成为过去。柯比诺决心重振意大利的雄威，在罗马建立起一个新的物理学派。

年仅二十五岁的费米成了柯比诺实现自己愿望的第一个人选。他在罗马大学特地设立了理论物理讲座席位，请费米出任教授。

从此，以费米为中心，一批年轻的物理学家，如阿玛尔迪、赛格里、拉赛蒂等，便聚集到了罗马大学，雄心勃勃地向原子物理发起了新的冲击。

1927年9月，费米率拉赛蒂、赛格里参加了在意大利北部的科摩召开的国际原子物理学家会议，会见了美国的康普顿、德国的普朗克、荷兰的洛伦兹、丹麦的玻尔等著名学者。在同他们的交谈和讨论中，费米对物理学的前沿作了一次巡视，决定把对原子核的研究作为自己的主攻方向。

为了赶超世界水平，费米把自己的同伴和学生一一派到国外去学习。经他的安排，拉赛蒂到了美国的密立根实验室学习拉曼效应的实验；赛格里到了荷兰的阿姆斯特丹，做了塞曼实验室的一名见习生；阿玛尔迪到了德国，随德拜做X射线的研究工作。等到他们从国外学成归来之后，一个颇具实力的罗马学派总算最终形成了。

抓住"小偷"

1928年7月19日，费米同罗拉的婚礼在罗马市政厅举行。

罗拉是一个有着犹太血统的姑娘，也是费米在罗马大学的学生。她那活泼、幽默、善良、勤劳的性格，给这个新的小家庭带来了无限的幸福，也消除了费米在科研工作中的后顾之忧。在此后的日子里，罗拉不仅为他生下了一个女儿和一个儿子，还把他们共同的生活和费米的科学活动写成了一本名为《原子在我家中》的书，为人们对费米的了解提供了准确的资料。

婚后的第二年3月，费米当选为意大利科学院院士。从此，这个家庭有了可观的经济来源。

那个时代，正是核物理学飞速发展的时代，一系列的新发现既加深了人们对原子内部结构的认识，也给科学家们提出了许多难题，对某些元素的放射性的解释就是其中的难题之一。

物质放出射线的过程，就是其原子核能量的不断消耗的过程。科学家把这个过程称之为衰变。研究证明，原子核辐射出来的一部分能量是由电子带走的，可是却还有一部分能量莫名其妙地失去了。这一现象，使人们所公认的能量守恒定律在核物理学中几乎受到动摇。泡利虽然坚持能量守恒的原理，但也弄不清这份丢失的能量究竟到哪里去了。他只能假设有一个"小偷"，把这份能量悄悄地"偷"走了。

费米也是坚持能量守恒定律的。他进一步设想，"偷"走这份能量的"小偷"是一种尚未被发现的粒子。

1932年，英国物理学家查德威克在研究核反应的过程中发现了一种不带电的新粒子。于是，人们认为，中子可能就是带走能量的"小偷"。

然而，根据查德威克的报告计算的结果，证明中子不可能带走能量。

费米料想，可能有一种质量比中子小得多的粒子，便是带走能量的"小偷"。他还把这种粒子命名为"中微子"。然后，费米又致力于中微子地研究，果然发现了这种粒子，它是真正"偷"走能量的"小偷"。

费米的这一发现，不但解开了衰变之谜，而且还可以用一个简单的公式来描述原子核衰变的规律。这就是费米的弱相互作用理论。这一理论，对推动核物理学的发展起了巨大的作用。

中子创造的奇迹

1934年1月，法国物理学家约里奥·居里夫妇作出了一个重大发现：用X粒子轰击一些元素，可以得到新的放射性物质。这件事引起了物理学界的轰动。长期以来，人们认为原子核是一个顽固堡垒，要攻破它可不那么容易。

约里奥·居里夫妇的实验也确实是艰难的。原子核本身带有正电荷，用带正电的X粒子去轰击它，其命中率是很低的，因为大多数X粒子因受到核电荷的斥力和核外电子的引力而无法击中原子核。

费米敏锐地感到，约里奥·居里夫妇的发现具有极其重要的意义。他决定对当时已经知道的从氢到镭的九十二种元素一一进行试验。为了提高轰击原子核的命中率，他还决定采用中子作为炮弹。因为中子不带电，所以原子核外的那层电荷保护网对它不起作用。于是，他们就以镭作为放射源，提出一种叫做氡的气体，并将氡与铍相混合，以得到所需要的中子。

试验工作同样是艰难的。他们从元素周期表中的氢开始，一直做到八号元素氧，均未得到任何结果，没想到在用中子轰击九号元素氟时，竟得到了氟的同位数。用中子轰击氟以后的多种元素，也得到了类似的结果。在短短两个月内，他们共得到了三十多种元素的同位素。

最后，轰击的对象轮到了第九十二号元素铀。那已经是 1934 年的 5 月了，费米等人的中子炮弹终于射向了铀。不出所料，实验的结果得到了一种新元素。他们当时并未能够弄清这种新元素的性质，只好把它命名为铀 X。

6 月 4 日，柯比诺在科学院的会议上透露了费米的这一情况。一下子，"费米的新发现"便成了罗马报纸的头条新闻，并把它称之为"法西斯主义在文化领域的胜利"。

对此，费米感到甚为不安。把一个不确切的结果吹得天花乱坠，并不是他的愿望。他找到了柯比诺，共同向报界发表了一个声明：

"有许多被中子轰击的元素可以变成各种具有放射性的元素……因为铀是原子序列中的最后一个元素，所以看来所制成的元素就应该是随后的一个元素，即第九十三号元素，这似乎是可能的……在制成第九十三号元素得到实际证明以前，尚需完成无数精密的试验……"

至此，费米已经敲开了原子核裂变的大门，然而他自己却并未意识到这一点。直到 1939 年，德国科学家哈恩和史特拉斯曼才又重做这一实验，发现有中间质量的元素产生。随后，奥地利学者弗里什、迈特纳又用铀原子核分裂成两半的观点解释哈恩——史特拉斯曼的实验结果，才最终导致了重核裂变的发现。

当时的费米，注意力已转向了另一个发现：速度慢的中子更容易击中原子核。

那一年的 10 月 22 日上午，费米的两个学生在作中子轰击银的实验时，发现装置外面的铅盒竟影响了放射性的强度。他们向费米汇报了这一异常情况后，费米便建议他们把中子源封在石蜡中，再重复这一实验。

结果出人意料，放射性强度竟增加了一百多倍。

由此，费米设想，可能是因为石蜡的质子对中子起了减速作用，才使中子与银的原子核相撞击的机会增加，放射强度因而增大。

为了证实这一结论，费米又决定下午在水中进行这一实验。他把实验地点选择在柯比诺家中的喷水池。

这次实验非常成功，结果完全证实了费米的设想：水和石蜡一样，也使银的放射性大大加强了。

这一实验结果发表在《科学研究》杂志上。科学界很快意识到这是一个了不起的发现。费米因此而获得 1938 年度诺贝尔物理学奖。

玻尔带来的消息与美国总统的决策

正当费米埋头于科研和数学工作的时候，一系列不测事件发生了。1935 年，意大利法西斯发动了对埃塞俄比亚的战争；1937 年，柯比诺不幸死于肺炎；罗马学派土崩瓦解，罗马大学已经无法为他提供研究条件。

更为严峻的是，妻子罗拉因为是犹太人的后裔而受到了法西斯分子的严重威胁。

为了生存，为了科学事业，费米不得不面对现实，考虑新的出路。

1938 年 12 月，费米偕妻子和孩子们前往瑞典的斯德哥尔摩领取诺贝尔奖金。这时，他们全家已经暗下决心，不再回到法西斯统治的意大利去。

1939 年刚刚来到，费米全家已来到了美国的纽约，后又迁居哥伦比亚。

不久，丹麦著名物理学家玻尔来美国参加一个国际会议。他带给了费米一个惊人的消息：德国科学家哈恩、斯特拉斯曼发现，用中子轰击铀核后，产生的不是新元素铀 X，而是一种约比铀轻一半的东西。奥地利学者弗里什认为，那是因为铀核发生了分裂所致。在这个过程中，铀核会释放出巨大能量。

费米直奔哥伦比亚大学实验室，立即准备再次重复他在五年前所作过的用中子轰击铀核的实验。

许多物理学家都加入了实验工作。几星期以后，铀核分裂的事实终于在这里得到了证明。在释放能量的同时，还产生出两个以上的中子。这些中子又去轰击更多的原子核，释放出更多的能量，产生更多的中子……

这就是链式反应！由于链式反应而在极短的时间内放出巨大的能量，实际上就是一枚威力强大的炸弹！

在欧洲正笼罩着战争乌云的时候，这个发现无疑会给人们带来许多思考。

这年3月16日，费米等人就去会见美国海军上将胡柏，希望美国军方立即采取措施，加紧核能问题的研究。没想到胡柏根本听不懂"中子"、"链式反应"之类的词汇，对费米等人的汇报毫无兴趣。

没过多久，从匈牙利逃亡到美国的犹太人利奥·西拉德来找费米，商量如何再次告诫美国政府的办法。他们一致认为，要使政府转变态度，必须把声名卓著的爱因斯坦请出来，给美国总统罗斯福写信。

按照他们商量的意见，8月2日，西拉德与他的同事尤金·维格纳到长岛的一所别墅会见了爱因斯坦。爱因斯坦当然明白，法西斯分子如果一旦抢先造出了原子武器，世界将会是一种什么局面。他接受了西拉德和维格纳的意见，在一封事先拟好了的给罗斯福的信上签了名，呼吁美国政府加速对原子武器的研究。

不久，英法正式对德宣战，第二次世界大战全面爆发，10月11日，这封信送到了总统手中。罗斯福签署了一道命令：立即动员力量开展原子武器的研究。

到达新大陆

要研制原子武器，没有费米可不行。这是美国核计划的主要负责人阿瑟·康普顿教授的看法，也是美国同行们的一致看法。

然而，随着珍珠港事件的爆发和美国对日、德、意的正式宣战，费米已成了一个敌国侨民，难于受到政府的信任。由于科学家们的一再举荐，费米才被吸收到芝加哥大学的一个冶金实验室去工作。

这个所谓的冶金实验室，实际上连一个冶金学家也没有。它是一个研制核反应堆的秘密机构，费米便是这个机构的领导人。

核反应堆是研制原子武器的重要环节，因为设计原子武器的许多数据都必须从反应堆的运行中取得，原子武器的主要原料，也要从反应堆中获取。

从 1942 年 4 月起，费米便长期地住在芝加哥，开始了他在芝加哥大学的研究设计和模拟试验工作。

1942 年 11 月 14 日，冶金实验室的那些神秘人物来到了芝加哥大学那个荒废已久的足球场的西看台底下。他们经过了仅仅十八天时间的紧张战斗，终于迎来了科学史上一个值得纪念的日子。

那是这年的 12 月 2 日，星期三。

上午八点三十分，四十多名科学家来到了球场的北看台，开始了一项史无前例的试验工作：核反应堆试运转。

助手赫伯特·安德森向费米报告："一切准备就绪。"

九点四十五分，费米下了"启动"命令。话音刚落，计数器就开始运转，描笔画出了一条表示辐射强度的曲线。

试验继续进行。负责操纵镉棒的青年物理学家乔治·韦尔按照费米的指令，把那根对中子起吸收作用的镉棒先抽出一半，反应堆的辐射强度立即增大。再抽出一部分，辐射强度继续增加。

吃过午饭后，试验进入了紧张阶段。三点二十分，费米下了最后一道命令："将镉棒再抽出一英尺！"

计数器的声音响得更急促了，描笔向上升去，链式反应正在反应堆中顺利进行。

科学家观看核反应堆试运转

科学家情不自禁地欢呼起来。维格纳给费米献上了一瓶基安提酒。在场的康普顿教授马上通过长途电话，用暗语向在哈佛大学的科学研究与发展总署的科南特报告了试验的成功："那位意大利航海家已经到达新大陆了！"

Y 基地的蘑菇云

核反应堆的成功，为原子弹的制造铺平了道路。

1944 年 9 月，费米被改名为尤金·法默而派往美国的 Y 基地，担任实验室副主任，并负责一个物理学家小组的工作，参与制造原子弹的"哈曼顿计划"。费米夫人和孩子们也先后到达这里。

Y基地设在新墨西哥州的一个名叫洛斯阿拉莫斯的地方。这是一块偏僻而荒凉的土地，很合适制造原子弹这种秘密工作的需要。

在Y基地，费米的研究实验能力和组织管理才能都得到了充分的发挥。著名的丹麦物理学家尼耳斯·玻尔，此时也改名为尼古拉斯·贝克，与费米等人一道，共同参与原子弹的研制工作。

经过这些物理学大师们的努力奋斗，一切进展十分顺利。在不到一年的时间内，世界上第一颗原子弹便诞生在这片荒漠之中了。

试验日期预定在1945年7月16日，爆炸地点选择在离Y基地一百英里以外的一片沙漠里。

天空升起的一朵巨大蘑菇云

那天，一千多名科学家、工程师、军方代表和政府官员等聚集在试验场的安全地带，等待着奇迹的出现。

凌晨五点三十分，天空中突然闪现一阵耀眼的光亮，把大地照得如同白昼一般。紧接着，一阵震耳欲聋的爆炸声从远处传来，闪光和声响处升起了一朵巨大的蘑菇云。那壮观情景，就如千万条鳞光闪闪的蛟龙在缠绕厮杀，激战不已。

随着爆炸声传来，费米急忙戴上墨镜，跑出掩蔽所，从衣袋里掏出一大把纸片洒向空中。这些纸片被爆炸引起的气浪吹到了远处，然后慢慢飘落下来。

费米用脚步测量过纸片飘飞的距离后，立即向同事们报告说："这颗原子弹的威力相当于两万吨 TNT 炸药的当量。"

如果说这颗原子弹的爆炸展现了人类征服自然的巨大威力的话，那么，三周之后落在日本广岛和长崎的两颗原子弹造成的却是另一种后果了。这两颗炸弹夺去了近五十万日本平民的生命。

这些由科学家们所制造的原子弹，再也不受科学家的支配了。

永远闪光的名字

二次大战结束后，费米决定尽快回到物理学基础研究中去。1946 年初，他们全家离开了洛斯阿拉莫斯，重新来到了芝加哥大学。在这里，费米被聘为核研究所教授。不久，他还创建了一个研究生院，并亲自给研究生授课。

一大批来自美国和其他国家的年轻人很快慕名来到了芝加哥大学，聚集在费米的身边。这些人后来都成了著名的物理学家，其中包括盖尔曼、张伯伦和来自中国的杨振宁、李政道等人。芝加哥大学很快成了举世瞩目的物理学研究中心。

这时候，物理学中关于基本粒子的研究已经异军突起。自从美国科学家欧内斯特·劳伦斯于第二次世界大战前夕发明了回旋加速器之后，物理学家们已经不再利用天然放射性粒子作为炮弹去轰击其他粒子，而是利用加速器所发射出来的能量极高的粒子去打开物质世界的大门。

　　在第二次世界大战末期，费米曾经断言：原子核物理学已达到成熟阶段，下一点将是对基本粒子的研究。战后，他被这个新领域吸引住了，开始了对 π 介子和核子散射的研究工作，并且写成了《基本粒子》的专著。

　　在芝加哥大学紧张的科研、教学工作之余，费米还经常到外地访问，出席各种学术会议。几乎所有的物理学研究中心都留下了费米的足迹。1949 年，他还回到了阔别十多年的意大利，受到了祖国人民和科学界的热烈欢迎。

　　1954 年，费米的健康状况开始恶化。他仍旧带病参加了在欧洲召开的夏季物理学讨论会，作了《π 介子物理》的精彩演讲。

　　9 月，费米返回芝加哥，便因病住进了医院。医生检查的结果证明，他患了胃癌，而且已经到了晚期。

　　11 月，他接受了以他的名字命名的费米奖金。

　　12 月 4 日，一颗长期超负荷工作的心脏停止了跳动。科学界过早地失去了一位英才，青年物理学家过早地告别了自己的导师。

　　为了缅怀和纪念这位为人类进步作出过伟大贡献的科学家，人们把后来发现的 100 号新元素命名为"镄"；意大利科学院决定定期在罗马举办国际恩里科·费米物理讨论会；芝加哥大学设立了一个"费米讲座"；"美国国立费米实验室"也在芝加哥落成。

　　"费米"，成了一个永远闪光的名字！